ℰV reinhardt

»Kinder sind Kinder« 14

Franz J. Mönks • Irene H. Ypenburg

Unser Kind ist hochbegabt

Ein Leitfaden für Eltern

5., neu gestaltete und aktualisierte Auflage

Ernst Reinhardt Verlag München Basel

Inhalt

Vorwort zur ersten Auflage

Auf Drängen vieler Eltern und Lehrer veröffentlichten wir 1989 in den Niederlanden ein Büchlein über hochbegabte Kinder. Durch viele internationale Kontakte und Vorträge – auch in Deutschland – wird uns immer wieder deutlich, wie sehr fundierte Information auf dem Gebiet der Hochbegabung gefragt ist. Auch die aktualisierte Literaturliste am Ende dieses Buches macht dies deutlich.

In dieser Veröffentlichung gehen die Autoren auf Fragen ein, die Eltern in ihrem Umgang mit Kindern und Jugendlichen haben, die geistig (weit) voraus sind. Fragen wie „Ist unser Kind hochbegabt?", falls ja, „Auf welchem Gebiet?" und „Wie müssen wir dieses Kind erziehen?" werden in diesem Buch ausführlich behandelt. Beispiele aus der Praxis verdeutlichen die Beschreibungen. Der verständlich angegebene Zusammenhang zwischen Theorie und Praxis gibt dem Leser einen guten Einblick in das komplexe Gebiet der Hochbegabung.

Wir danken dem Ernst Reinhardt Verlag für die angenehme Zusammenarbeit und die Bereitschaft, dieses Buch in sein Verlagsprogramm aufzunehmen. Wir danken vor allem den Eltern, Lehrern, Bildungspolitikern und Kindern, die direkt oder indirekt an diesem Buch mitgearbeitet haben. Schließlich danken wir den Mitarbeitern des Zentrums für Begabungsforschung an der Universität Nijmegen, die zum Zustandekommen dieses Buches, jeder auf seine Art, beigetragen haben.

Franz Mönks & Irene Ypenburg

Vorwort zur fünften Auflage

Diese fünfte Auflage wurde wo nötig aktualisiert. Ein neues Kapitel „Begabt und sensitiv" stellt die Theorie der Sensitivität von Dabrowski vor und veranschaulicht diese an einem Praxisbeispiel. Gerade in Bezug auf hochbegabte Personen kann dieser theoretische Zugang sehr zutreffend und erhellend sein.

Wir hoffen, dass auch diese fünfte Auflage Eltern hochbegabter Kinder eine nützliche Hilfe ist.

September 2011
Franz Mönks & Irene Ypenburg

Einführung

Eltern hochbegabter Kinder stehen noch immer vor großen Unsicherheiten. Was ist Hochbegabung überhaupt? Woran erkennt man sie? Was bedeutet sie für die Erziehung in Familie und Schule? Die folgenden Kapitel finden Antworten auf diese Fragen und helfen, einen langjährigen Leidensweg für alle Beteiligten zu vermeiden.

Dieser Ratgeber entstand aus einem praktischen Bedürfnis. Seit Anfang der 1980er Jahre findet Hochbegabung auch in der öffentlichen Diskussion zunehmend Interesse. Zunehmend „wagten" es Eltern, Pädagogen und Psychologen zu fragen, wie sie ihr (hoch)begabtes Kind am besten erziehen und fördern könnten. Oft fanden Eltern nach jahrelangem Leidensweg den Weg zu uns. Dieser Leidensweg wird sehr treffend im Brief einer Mutter dargestellt:

Beispiel

„Nach einem schwierigen Anfang mit komplizierter Geburt, Atemstörungen und Pflege im Brutkasten entwickelte sich Gabi nach dem ersten Lebensjahr ungewöhnlich schnell. Als sie eineinhalb Jahre alt war, kannte sie alle Farben, mit drei Jahren kannte sie die Uhr, und als sie kaum vier Jahre alt war, konnte sie lesen. [...] Als unser zweites Kind zwei Jahre alt war, ging ich zur Kleinkindberatung, da ich es nicht normal fand, dass das Brüderchen von Gabi längst nicht das konnte, was Gabi im selben Alter fertig brachte. Ich machte mir wirklich ernsthafte Sorgen, dass er einen Entwicklungsrückstand hatte.

Inzwischen pendelte ich mit Gabi von einer Beratung zur anderen: vom Kinderarzt zur Erziehungsberatungsstelle, von dort zum Sprachheillehrer und kam schließlich wieder zum Kinderarzt. Nicht wegen Gabis intellektueller oder sprachlicher Entwicklung – diese war ausgezeichnet. Aber sie war extrem schwierig im Umgang, sie war verhaltensauffällig, ließ sich nichts sagen und war zudem über-aktiv. Weshalb ich zum Sprachheillehrer musste, war mir völlig schleierhaft. Aber man ist in einer Situation, in der man jede Hilfe dankbar annimmt.

Im Kindergarten ‚passte' sie sich an, indem sie ängstliches und unterwürfiges Verhalten entwickelte, ein Verhalten, das ganz und gar nicht ihrem Naturell entsprach. Mit fünf Jahren wurde sie in eine Tagesstätte für extrem erziehungsschwierige Kinder aufgenommen. Zu dem Zeitpunkt war ich endgültig am Ende meiner Kräfte und hatte keinen größeren Wunsch, als Gabi aus der Familie zu entfernen. Traurig, aber wahr. Ihr durch und durch negatives Verhalten brachte uns fortwährend an den Rand eines Familienzerfalls."

Endlich, so schließt die Mutter ihren Brief, wurde – als Gabi zehn Jahre alt war – eine Schule gefunden, die ihren besonderen Lern- und Erziehungsbedürfnissen entgegenkommen konnte. Eine jahrelang währende Odyssee hatte ein Ende gefunden.

Immer wieder klagen Eltern und Lehrer darüber, dass oft erst nach langen und mühseligen Anstrengungen, die sich über Jahre erstrecken können, die entsprechende erzieherische und unterrichtliche Hilfe gefunden wird, die das hochbegabte Kind so dringend benötigt. Nicht selten bekommen Eltern zu hören: „Sind Sie froh, dass Sie ein so kluges Kind haben. Andere Eltern wären glücklich, wenn sie ein solches Kind hätten. Worüber machen Sie sich eigentlich Sorgen?“

Die häufigsten Fragen der Eltern

- Was ist Hochbegabung?
- Ist sie schon im frühen Kindesalter zu erkennen?
- Woran kann man erkennen, ob ein Kind hochbegabt ist?
- Ist es richtig, dass hochbegabte Kinder problematisch sind?
- Wie können Erziehungs- und Schulprobleme vermieden werden?

In den letzten Jahren hat sich sicherlich manches zum Besseren des hochbegabten Kindes verändert. Dennoch gibt es immer noch ein großes Nachholbedürfnis und einen beträchtlichen Informationsrückstand.

Dies alles sind Fragen, die täglich von zahlreichen Eltern und Lehrern gestellt werden. Dieser Leitfaden soll Hilfestellung bieten beim Erkennen von Hochbegabung und vor allem bei der Erziehung von hochbegabten Kindern in der Familie und in der Schule.

Entwicklung als dynamischer Prozess

Die Entwicklung eines Kindes verläuft nicht in vorher genau festgelegten Bahnen. Stets kommt es zu einem Wechselspiel zwischen inneren und äußeren Faktoren. Entscheidend für den Entwicklungsverlauf ist dabei, eine anregende Umgebung zu schaffen, die eine kindgerechte Förderung ermöglicht. Dies erweist sich besonders bei hochbegabten Kinder oft als große Herausforderung.

1

Das Zusammenspiel zwischen inneren und äußeren Faktoren Bevor der Begriff Hochbegabung näher erörtert wird, ist es notwendig, zunächst auf die Frage einzugehen, was psychische Entwicklung überhaupt ist. Die Entwicklungspsychologie beschäftigt sich mit den Verläufen und Gesetzmäßigkeiten menschlicher Entwicklung. Innere wie äußere Faktoren können eine hemmende oder eine fördernde Rolle spielen. Indem die Entwicklungspsychologie die „Gesetze" der menschlichen Entwicklung erforscht, versucht sie herauszufinden, welche sozialen und erzieherischen Bedingungen zu einer harmonischen und optimalen Entwicklung des Menschen beitragen.

Es ist durchaus möglich, dass eine erzieherische Umgebung, die das eine Kind fördert, keine oder kaum eine Wirkung auf ein anderes Kind ausübt. Das richtige Zusammentreffen von individuellen Anlagen und Bedürfnissen mit einer verständnisvollen und förderlichen Umgebung ist für die Entwicklung eines jeden Menschen von entscheidender Bedeutung. Entwicklung als ein Prozess der Veränderung findet nicht nur in den Kinder- oder Jugendjahren statt, sondern erstreckt sich über den gesamten Lebenslauf eines Menschen.

Psychische Entwicklung ist ein lebenslanger und dynamischer Prozess. Die Interaktionen (Wechselwirkungen) zwischen individuellen Anlagen und sozialer Umgebung bestimmen, welches Verhalten (Handeln) und welche Verhaltens- bzw. Handlungsmotive geweckt und manifestiert werden (Mönks / Knoers 1996). Dynamische Interaktion bedeutet, dass sich Anlagefaktoren nicht automatisch nach einem „inneren Bauplan" entfalten, dass das Resultat der Interaktion zwischen Anlage und Umgebung also nicht von vornherein

Wechselwirkungen zwischen Anlagen und sozialer Umgebung prägen die Entwicklung.

festliegt. Anlage und deren Entwicklung ist immer *Anlage in einer bestimmten Umgebung.*

Beispiel

So kann ein Kleinkind z.B. auffallend aktiv sein in der Erkundung seiner häuslichen Umgebung. Nehmen wir nun an, dass die Eltern gerade das Gegenteil wünschenswert finden, d.h. Ruhe und Ordnung im Hause sind die höchsten zu beachtenden Gebote, dann wird die natürliche Unternehmungslust dieses Kindes gebremst, vielleicht sogar ganz gestoppt. Aus dem zunächst unternehmungslustigen Kind kann sich ein träges und mürrisches Wesen entwickeln und so entsteht als wichtiges Motiv beim Kinde: Vermeidung von Aktivitäten und Anstrengungen! Verhaltensmotive – all unser Handeln und Verhalten ist motiviert – werden in starkem Maße geprägt vom Umgang mit anderen, beim Kinde im besonderen von Eltern und nächsten Angehörigen.

Alle Kinder benötigen für eine gute Entwicklung nicht nur Freiheit und Raum für ihre spontanen Unternehmungen, sondern sie müssen auch angeleitet und gefördert werden, damit sich neue Verhaltensweisen und Handlungsmuster entwickeln können. Aus vielen Untersuchungen wissen wir, dass Kinder zu viel mehr im Stande sind, wenn sie entsprechend angeregt werden und an neue Erfahrungen herangeführt werden.

Für eine gute Entwicklung benötigen alle Kinder ein förderndes Umfeld.

Beispiel

Die Hochschule für Musik „Felix Mendelssohn Bartholdy" in Leipzig startete vor einigen Jahren ein Projekt an mehreren Kindergärten, um der Frage nachzugehen, ob bei geeigneter Förderung mehr musikalisches und künstlerisches Talent entdeckt werden kann. Die Kinder bekamen Musik- und Tanzunterricht, weiterhin wurden Umgang mit dem Computer und Schachspiel angeboten. Überraschend war, dass viele Kinder, bei denen das vorher nicht vermutet wurde, ausgesprochen talentiert waren auf den Gebieten Tanz, Musik und Malen. Außerdem zeigten diese Kinder eine vorher nicht beobachtete Lernbegierde. Eltern und Kindergärtnerinnen wurden mit Fragen und gezieltem Unternehmungsdrang konfrontiert in einem Ausmaß, dass bei den Erwachsenen Erschöpfungszustände eintraten. Offensichtlich hatte das Angebot an verschiedenen neuen Aktivitäten einen Tatendrang und eine Handlungsmotivation bei den Kindern ausgelöst, wovon man vorher nichts ahnte.

Dies ist ein Beispiel, wie durch Förderangebote „brachliegende Handlungsgebiete" geweckt und erschlossen werden können. Es treten Verhaltensweisen und Handlungen zutage, die sich bei entsprechender Förderung weiterentwickeln und stabilisieren. Indem wir demnach ein „verborgenes Talent" durch richtige Förderung gleichsam hervorrufen und es auch weiterhin begleiten, wird uns deutlich, wozu Kinder in der Lage sind.

Dieses und andere Beispiele, die jeder in seiner eigenen Umgebung beobachten kann, machen deutlich, dass menschliche Entwicklung nicht ein mechanischer und starr verlaufender Prozess ist. Entwicklung ist nicht gleichzusetzen mit einer Schalttafel: Man drückt auf einen bestimmten Knopf und erreicht *ein* bestimmtes Resultat. Menschliche Entwicklung ist immer eingebettet in eine bestimmte und bestimmende Umgebung; sie ist auch nicht immer vorhersagbar, da sie nicht geradlinig verläuft, nicht knopfdruckkonform ist.

Wie kann ein Mensch sich „richtig" entwickeln? Grundvoraussetzung für eine bestmögliche Entwicklung eines Kindes sind befriedigender Umgang und kindgerechte Förderung, d.h. jeweils ausgehend von den Neigungen und Bedürfnissen des jeweiligen Kindes. Fehlt dies, dann kann ein Kind sich nicht entsprechend seiner Anlagen entwickeln. Es ist sicherlich nicht einfach dahinter zu kommen, was für *dieses* Kind der richtige Umgang und die richtige Förderung ist. Das Prinzip, auf die Bedürfnisse und Neigungen des *einzelnen* Kindes einzugehen, gilt für alle Begabungsgrade – hoch-, mittelmäßig- oder niedrigbegabt.

Förderung bedeutet, stets von den Bedürfnissen des einzelnen Kindes auszugehen.

Mit der Frage, wie auf die Ansprüche des Kindes auf kindgerechte Art eingegangen werden kann, werden wir uns später noch beschäftigen.

Einsicht in Grundprozesse menschlicher Entwicklung eröffnet die Möglichkeit, auch die Entwicklung von hochbegabten Kindern besser zu verstehen. Obschon auch sie abhängig sind von richtiger Aktivierung und Förderung, sind sie in ihrer Eigenart oft so „anders", so herausfordernd und anspruchsvoll in der Aufmerksamkeitszuwendung. Es ist unumgänglich, dass wir in unserem Denken, in unserer Wahrnehmung und in unserem pädagogischen Handeln den besonderen Bedürfnissen dieser Kinder gerecht zu werden versuchen. Dieses Buch soll dazu beitragen, dass sich hochbegabte Kinder und ihre Erzieher besser verstehen lernen und im Umgang miteinander Bereicherung und Freude erfahren.

Hochbegabte Kinder haben meist besondere Bedürfnisse und Neigungen.

Was ist Hochbegabung?

Die Intelligenzforschung ist sich einig: Besondere Anlagen zu besitzen sagt noch wenig über die Lebenszufriedenheit und den beruflichen wie privaten Erfolg von Hochbegabten aus. Es existieren hemmende und fördernde Einflüsse, die mit der Bestimmung des IQ nicht zu erfassen sind. Dies schärft den Blick auf bestimmte Persönlichkeitsmerkmale, soziale Kompetenzen sowie die einflussreiche Rolle von Familie, Schule und Freundeskreis.

2

Vier verschiedene Erklärungsmodelle

Menschen zeichnen sich dadurch aus, dass sie oft verschiedene Ansichten über dieselben Sachverhalte haben. In der Wissenschaft ist es nicht anders. Und auch im Verständnis des Begriffs „Hochbegabung". Hier gibt es viele Definitionsversuche und Begriffserklärungen. Hany (1987) hat festgestellt, dass es zur Zeit mehr als hundert verschiedene Umschreibungen gibt. Bittet man z.B. einen Lehrer, einen hochbegabten Schüler zu beschreiben, dann werden meistens die Intelligenz und das Leistungsvermögen hervorgehoben. Dies ist eine weit verbreitete Auffassung, die auch in wissenschaftlichen Erklärungen ihren Niederschlag gefunden hat.

Für den Begriff Hochbegabung existieren viele verschiedene Definitionen.

Im folgenden werden die verschiedenen Auffassungen in vier Erklärungsmodellen dargestellt. Ein Modell dient der Veranschaulichung von Zusammenhängen der Wirklichkeit und ist daher oft eine vereinfachte Wiedergabe von komplizierten Sachverhalten.

Fähigkeitsmodelle

Diese Modelle gehen von der Annahme aus, dass geistige (intellektuelle) Fähigkeiten bereits im frühen Alter festgestellt werden können und sich im Laufe des Lebens nicht wesentlich verändern, d.h., es sind stabile Fähigkeiten. Die bereits früh erfassten hohen geistigen Fähigkeiten werden, so die Anhänger dieser Auffassung, oft erst im Erwachsenenalter in besonderen Leistungen zum Ausdruck kommen.

Geistige Fähigkeiten können früh festgestellt werden und bleiben stabil.

Die Forschungen von Lewis M. Terman Der bekannteste Vertreter dieser Auffassung ist der amerikanische Forscher Lewis M. Terman (1877–1956). Er ist der Pionier der Lebenslaufforschung bei hochbegabten Personen. Anfang der 20er Jahre startete er bei etwa 1500 hochbegabten Schülern eine Längsschnittuntersuchung, die auch heute noch fortdauert. Nachweislich bis 1954, nachdem er schon über dreißig Jahre bei hochbegabten Personen Folgeuntersuchungen durchgeführt hatte, ging Terman von der Auffassung aus: Ein als Kind erreichter Intelligenzquotient (IQ) (in seinem Forschungsvorhaben war die Untergrenze ein IQ von 135) wird sich im Laufe des Lebens nicht verändern. Im Jahre 1954, zwei Jahre vor seinem Tode, sagt er in einem bemerkenswerten Artikel in einer Fachzeitschrift, dass die über viele Jahre hinweg gesammelten Forschungsdaten unwiderleglich deutlich gemacht hätten: Intelligenz allein genügt nicht. Personen aus seiner Untersuchungsstichprobe, die es zu etwas gebracht hatten, erwiesen sich nicht nur als sehr intelligent, sondern auch als durchsetzungsfähig und hoch motiviert, und außerdem machte die Lebensgeschichte dieser Erfolgreichen deutlich, dass die soziale Umgebung positiv und förderlich eingestellt war. Andere dagegen erreichten im beruflichen und im persönlichen Leben nicht viel. Diese Einsicht brachte Terman zu einer Veränderung seiner Auffassung: Seitdem betrachtete er förderliche Umgebung und persönliche Motivation als entscheidende Faktoren für Erfolg.

Intelligenz alleine reicht nicht aus.

Die Marland-Definition In den Vereinigten Staaten gibt es eine von der Bundesregierung aufgestellte Definition. Diese Definition kann auch in die Gruppe der Fähigkeitsmodelle eingestuft werden. Sie wurde von einer Kommission unter der Leitung des Abgeordneten Marland aufgestellt und wird daher kurzerhand *Marland-Definition* genannt.

Hochbegabung laut Marland-Definition:

„Hochbegabte verfügen über verwirklichte oder potentielle Fähigkeiten, die Ausdruck sind von hohen Leistungsmöglichkeiten auf intellektuellem, kreativem, künstlerischem (musikalisch und darstellend) oder spezifischem akademischem Gebiet oder von außergewöhnlichen Führungsqualitäten. Es sind Kinder, die ein differenziertes Unterrichtsangebot und Fördermaßnahmen erfordern, die gewöhnlich in der Regelschule nicht geboten werden, damit sie ihren Beitrag für sich und die Gesellschaft verwirklichen können."

Trotz der Tatsache, dass diese Definition mit akrobatischem Wortgebrauch einen „blumigen" Eindruck macht, hatte und hat sie einen sehr fruchtbaren Einfluss auf Theorie und Praxis.

Der Einfluss von Motivation und sozialer Umgebung darf nicht vernachlässigt werden.

Natürlich gibt es auch berechtigte Einwände. So werden die starre Eigenschaftsauffassung kritisiert und der Ausschluss von nichtintellektuellen Faktoren. Letzteres wird vor allem kritisiert, weil sich gezeigt hat, wie außergewöhnlich wichtig die Motivation für das Erbringen von besonderen Leistungen ist. Die Definition lässt auch offen, in welchem Ausmaß der betreffende Begabungsfaktor anwesend sein muss, damit ein Kind „hochbegabt" genannt werden kann. Weiterhin fehlt in der Definition jeglicher Bezug zur sozialen Umgebung. Familie, Schule und Freunde fehlen ganz. Und schließlich wird kritisiert, dass in der ursprünglichen Fassung (1972) das psychomotorische Gebiet eigens genannt wird. In der veränderten Fassung von 1978 wird es nicht mehr eigens aufgeführt, sondern als Teil der „darstellenden Künste" verstanden. Die Psychomotorik bei den „darstellenden Künsten" unterzubringen wird für viele ein unbegreiflicher Balanceakt bleiben.

Kognitive Komponentenmodelle

Diese Modelle richten sich vor allem auf Prozesse der Informationsverarbeitung. Forscher dieser Richtung wollen wissen, welche qualitativen Unterschiede zwischen den Prozessen bestehen. Worin unterscheiden sich beispielsweise hochbegabte Kinder in ihrer Art der Informationsaufnahme und -verarbeitung von durchschnittlich begabten Kindern? Nicht so sehr das Endprodukt, sondern der Weg dorthin steht im Mittelpunkt des Forschungsinteresses. Manche schlagen vor, statt von IQ von QI zu sprechen, wobei QI für Qualität der Informationsverarbeitung steht.

Hochbegabte Kinder können Informationen schneller aufnehmen und verarbeiten.

Es ist zu erwarten, dass diese Forschungsrichtung Ergebnisse über frühe Hinweise (Indikatoren) von Hochbegabung liefern wird. So wird immer wieder von Eltern berichtet, dass ihr begabtes Kind schon im Kleinkindalter auffiel durch selbständiges und produktives Denken, durch eigene Formen der Informationsverarbeitung.

Beispiel

Ein treffendes Beispiel in dieser Hinsicht ist eine Begebenheit mit der zweieinhalbjährigen Klara. Als ihre Mutter eines Morgens in ihr Schlafzimmer kam, sagte Klara: „Wenn man schläft, dann weiß man nicht, dass man schläft." „Wieso?" fragt die Mutter. Klara: „Eben weil man schläft!"

Dies ist, wie die Fachleute sagen, eine metakognitive Leistung, die man oft nicht einmal bei Grundschulkindern antrifft (Metakognition = Denken und Reflektieren über das eigene Denken).

Leistungsorientierte Modelle

Diese Modelle machen einen Unterschied zwischen Anlagen und verwirklichten Anlagen. Nicht alles, was als Anlage oder Möglichkeit im Menschen steckt, wird umgesetzt in Leistungen. Anlage ist jedoch Voraussetzung dafür, dass jemand hervorragende Leistungen vollbringt. Nicht bei allen Menschen entwickeln sich die vorhandenen Anlagen. Oft liegt es an der direkten Umgebung des Kindes, dass sich seine Anlagen nicht richtig entwickeln, weil die besonderen Anlagen nicht erkannt und demgemäß nicht gefördert werden. In der Fachliteratur wird immer wieder eine Dunkelziffer von 50 % genannt, d.h. 50 % der potentiell hochbegabten Kinder bekommen nicht die Förderung und Erziehung, die nötig ist, damit sich ihre Anlagen richtig entwickeln. Kinder in bildungsabstinenten Familien sind in dieser Hinsicht sehr benachteiligt. Hier hat die Schule eine besondere Aufgabe bei der Identifikation und der Förderung solcher benachteiligter Schüler.

Bei fehlender Förderung entfalten sich die Anlagen nicht.

Der Nutzen leistungsorientierter Modelle ▸ Vorteil der leistungsorientierten Modelle ist, dass nicht nur die wirkliche Leistung maßgeblich ist, sondern dass auch den Faktoren Aufmerksamkeit gewidmet wird, die der Verwirklichung von Anlagen im Wege stehen. Diese Modelle sind demnach nicht nur beschreibend, sondern auch zielorientiert: Jeder Mensch soll so erzogen werden, dass er sich in Übereinstimmung mit seinen Fähigkeiten entwickeln kann. Am Beispiel des hochbegabten Leistungsversagers (Kapitel 9 in diesem Buch) wird deutlich werden, dass nicht verwirklichte Anlagen einhergehen können mit einem negativen Selbstbild.

Soziokulturell orientierte Modelle

Diese Modelle gehen davon aus, dass sich Hochbegabung nur bei einem günstigen Zusammenwirken von individuellen und sozialen Faktoren verwirklichen kann. Dieser Auffassung zufolge gibt es weder in genetischer noch in sozialer und kultureller Hinsicht Stabilität. Wie besondere und / oder außergewöhnliche Leistungen bewertet werden und wie Bedingungen für das Erbringen von besonderen Leistungen geschaffen werden, ist in hohem Maße von politischer Einsicht und wirtschaftlicher Voraussetzung abhängig. Wenn sich die Bildungspolitik eines Landes beispielsweise nur auf die Gruppe der Durchschnittlichen und Schwächeren richtet, werden begabte und hochbegabte Schüler in ihren Schulen wenig begabungsfördernde Angebote bekommen, um ihre Anlagen und Fähigkeiten verwirklichen zu können. Im Gegenteil, oft wird das vereitelt, weil man die Klügsten nicht selten als Gefahr betrachtet; sie könnten ja zur „Elite" heranwachsen, und davon hat man ein negatives Bild.

Nur wenn innere und äußere Faktoren zusammenpassen, kann sich Hochbegabung entwickeln.

Das Verhältnis der Modelle untereinander ▸ Diese vier Modellauffassungen schließen sich nicht gegenseitig aus, sondern akzentuieren verschiedene Gesichtspunkte, die sich zu einem Ganzen zusammenfügen lassen. Vor allem die Forschungsergebnisse, die der ersten Modellauffassung entspringen, haben wichtige Einsichten erbracht im Hinblick auf frühkindliche Faktoren und auf Störfaktoren in der Entwicklung hochbegabter Menschen. Ergebnisse der zweiten Auffassungsrichtung werden dringend erwartet. Die dritte und vierte Auffassung hat nicht nur einen theoretischen, sondern auch einen starken praktischen Bezug. Unsere eigene Auffassung wurzelt in der dritten und vierten Modellauffassung.

Ein Fall aus der Praxis

„Regelmäßig kommt sie heulend aus dem Kindergarten“, erzählt Ellens Mutter. „Ich muss immer solche blöden Sachen tun“, sagt Ellen dann, „immer dasselbe, und die Kindergärtnerin will auch nicht haben, dass ich schreibe.“

Ellen ist viereinhalb Jahre alt, kann ihren eigenen Namen schon gut schreiben, kennt alle Buchstaben des Alphabets, kann schon gut rechnen und ist sehr geschickt im Zeichnen und Basteln. Zu Hause hat sie ihre eigene Spielecke, wo sie sich aufgeweckt und konzentriert täglich einige Stunden aufhält. Wenn es eine Zeit lang sehr still ist, so wissen die Eltern inzwischen, dass sie dann ein Buch ihrer älteren Schwester liest. Ihre Schwester ist drei Jahre älter.

Den Eltern war an Ellen nichts Besonderes aufgefallen, auch nicht im Vergleich mit ihrer älteren Tochter. Ellen war ganz einfach ein angenehmes, unternehmungslustiges und spontanes Kind. Im Kindergarten nun zeigt sich, dass Ellen eigentlich schon alles kann, was die anderen Kinder noch lernen müssen. Die Kindergärtnerin weiß nicht, was sie mit ihr anstellen soll, und versucht sie dazu zu bewegen, sich genauso wie die anderen Kinder zu benehmen. „Sie muss lernen, sich anzupassen“, ist dabei ihre Devise, „sie soll ja nicht denken, dass sie eine Ausnahmeposition bekommen kann!“ Die Kindergärtnerin hat den Verdacht, dass Ellen von ihren Eltern zu besonderen Leistungen angespornt wird, und sie findet, dass dieses Kind Recht darauf hat, wie alle anderen Kinder „all die schönen Entwicklungsspiele zu erleben, die gerade für ihr Alter bestimmt sind und die so wichtig sind für eine gesunde psychische Entwicklung“.

Ellen kann bereits alles, was die anderen Kinder noch lernen müssen.

Wie so viele Kinder mit einem Entwicklungsvorsprung hatte Ellen schon längst zu Hause – und zwar aus eigenem Antrieb und auf ihre eigene Art – damit angefangen, Spiele und Tätigkeiten auszuführen, die die Kindergärtnerin so warm anpries. Zu Hause hatte es nie Schwierigkeiten deswegen gegeben, auch nicht mit der älteren Schwester. Probleme entstanden erst, als Ellen in den Kindergarten ging und sich dort dem Rhythmus ihrer Altersgruppe anpassen musste. Die Kindergärtnerin will um jeden Preis, dass Ellen sich anpasst. Ellen wird dadurch verunsichert, wird scheu und fühlt sich zunehmend unglücklich. Die Eltern fangen an zu zweifeln, ob sie in ihrer Erziehung Fehler gemacht haben und ob sie Ellen anspornen sollen, im Kindergarten gehorsamer zu sein.

Ellen kann sich dem Rhythmus ihrer Altersgruppe nur schlecht anpassen.

Wahrscheinlich ist der Kern des „Problems“, dass Ellen sehr begabt ist und einen deutlichen Entwicklungsvorsprung vor ihren Altersgenossen hat. Da es sich bei Ellen um einen Beratungsfall handelt, verabreden wir mit den Eltern, das Kind testpsychologisch zu untersuchen, um zu sehen, ob es hochbegabt ist. Anhand der Ergebnisse kann dann mit den Eltern überlegt werden, welche Maßnahmen für eine richtige Begleitung Ellens ergriffen werden müssen.

Eine testpsychologische Untersuchung bringt Klarheit.

Das Mehr-Faktoren-Modell: Fähigkeit + Kreativität + Motivation

Bevor wir auf diesen Praxisfall weiter eingehen, müssen wir uns in das Mehr-Faktoren-Modell der Hochbegabung vertiefen, damit das weitere Vorgehen auch theoretisch unterbaut ist. Dieses Modell nennen wir auch „Triadisches Interdependenzmodell".

„Hochbegabt" ist genauso wie „normalbegabt" ein beschreibender Begriff. Eine besondere Begabung kann in motorischen, sozialen, künstlerischen oder hohen intellektuellen Fähigkeiten zum Ausdruck kommen. Oft treten diese Begabungsformen gemeinsam auf. Es gibt auch außergewöhnliche Talente auf bestimmten Gebieten, wie z. B. Musik. Eine besondere Anlage auf einem oder mehreren der genannten Gebiete zu besitzen reicht noch nicht aus. Jede Anlage – durchschnittlich oder außergewöhnlich – erfordert Begleitung und Förderung, damit sie sich entwickeln kann. Der direkteste und unentbehrlichste Nährboden ist die soziale Umgebung. Hierauf werden wir noch näher eingehen.

Besondere Begabungsformen treten einzeln, aber auch gemeinsam auf.

Hochbegabung kann man erst dann erkennen, wenn sie sich manifestiert, d. h. in außergewöhnlichen Leistungen oder Handlungen zum Ausdruck kommt. In den noch folgenden Kapiteln wird dargelegt, dass es für hochbegabte Kinder nicht immer einfach ist, ihre besonderen Anlagen auch zu verwirklichen.

Persönlichkeitsmerkmale und soziale Umgebung

Hochbegabung, besser gesagt intellektuelle Hochbegabung, umfasst im hier gebrauchten Sinne mindestens folgende drei Persönlichkeitsmerkmale:

- hohe intellektuelle Fähigkeiten,
- Kreativität und
- Motivation.

Diese drei Faktoren hängen zusammen, weshalb wir sie als „Triade" (drei zusammengehörige Dinge) bezeichnen.

Der Mensch ist seinem Wesen nach ein soziales Wesen. Das bedeutet, dass für eine gesunde Entwicklung ein guter sozialer Austausch mit insbesondere der Familie, der Schule und dem Freundeskreis (eigentlich müssten wir von Peers sprechen, da ein Peer ein „Entwicklungsgleicher" ist) unentbehrlich ist. Diese Sozialumgebung ist die zweite Triade, die zur Verwirklichung von Anlagen wesentlich beiträgt. Eine gut verlaufende Interaktion zwischen Person und Umgebung kann erst dann zustande kommen, wenn sich die betreffende Person auch genügend soziale Kompetenz zu eigen gemacht hat, d.h. fähig ist, mit anderen einen befriedigenden Umgang zu haben.

Hohe intellektuelle Fähigkeiten ▸ Dies bedeutet, dass die Intelligenz, die mit einem Intelligenz- oder Fähigkeitstest gemessen wird, über dem Durchschnitt liegt. Dies wird zumeist anhand eines Intelligenzquotienten (IQ) ausgedrückt. Obgleich keine genaue Grenze gezogen werden kann, ab wann die Intelligenz über dem Durchschnitt im hier gemeinten Sinne liegt, gehen wir bei unserer diagnostischen Arbeit davon aus, dass der IQ-Wert bei oder über 130 liegt; im allgemeinen sprechen wir lieber von den obersten 5–10 %.

Motivation ▸ Hat jemand den Willen und das Durchsetzungsvermögen, eine bestimmte Aufgabe oder eine angefangene Arbeit auch zu Ende zu führen, zeugt dies von großer Motivation. Gleichzeitig bedeutet Motivation, dass man sich von einer bestimmten Aufgabe angezogen fühlt, dass man Spaß an etwas hat (Gefühlskomponente). Sie bedeutet weiterhin, dass man

Ziele setzen kann, Pläne machen kann (kognitive Komponente) und dass man Risiken und Unsicherheitsfaktoren in Kauf nehmen kann (Zukunftsperspektive).

Kreativität ▸ Wer kreativ ist, besitzt die Fähigkeit, auf originelle und erfinderische Manier Lösungen für Probleme zu finden. Kreativität kommt nicht nur im Lösen von Problemen zum Ausdruck, sondern auch im Aufspüren von Problemen (problem finding). Hierin zeigt sich in besonderem Maße selbständiges und produktives Denken, als Gegensatz zu jenem Denken, das als Wiederkäuen bezeichnet werden kann. Von Schülern wird im allgemeinen die letztere Art des Denkens erwartet, und dementsprechend wird es anerzogen.

Das bisher Gesagte kann schematisch als Mehr-Faktoren-Modell (Abb. Seite 25 ff) wiedergegeben werden, wobei zu bemerken ist, dass diese Modelldarstellung eigentlich dreidimensional sein müsste, da alle Elemente Einfluss aufeinander ausüben. Die genannten Persönlichkeitsmerkmale sind Anlagefaktoren, die in unterschiedlicher Ausprägung bei Menschen anwesend sind. Wie bereits erwähnt, müssen Anlagen begleitet und gefördert werden, damit sie sich auch entwickeln, und hierfür ist die Sozialumgebung unentbehrlich. Geht die Sozialumgebung nicht ein auf die Entwicklungs- und Lernbedürfnisse des Kindes, dann kann es sich nicht optimal entwickeln und bleibt eventuell auf einem Niveau stecken, das nicht zu ihm passt.

Das Ineinandergreifen der Faktoren

Wir sprechen erst dann von Hochbegabung, wenn alle sechs Faktoren in richtiger Weise ineinander greifen, so dass sich eine harmonische Entwicklung vollziehen kann. Die Fähigkeit zum sozialen Umgang (soziale Kompetenz) ist hierbei ein wichtiges Verbindungsglied. Sie bildet die Grundlage eines wirksamen Austausches zwischen Person und Umgebung (siehe hierzu auch Mönks 1995b, 1996).

Das Mehr-Faktoren-Modell erhellt Ellens Probleme.

Dieses Erklärungsmodell verdeutlicht nicht nur unsere eigene Auffassung, sondern vereinfacht auch eine gezielte Zustandsanalyse Ellens (und der anderen Kinder, die in diesem Buch besprochen werden). Wie oben gesagt wurde, waren die Eltern mit Ellen in unsere Universitätsberatungspraxis gekommen, um gemeinsam mit uns zu einem für Ellen „richtigen" Erziehungsplan zu kommen. Ellen erwies sich als intellektuell sehr begabt. Im Intelligenzbereich gehörte sie zu den obersten 3 %. Außerdem erwies sie sich als äußerst lernwillig, wobei sie ein hohes Lerntempo zeigte.

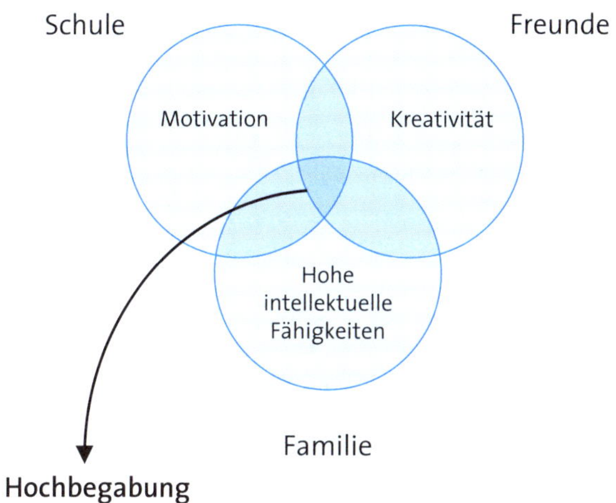

Die Abbildung zeigt das Mehr-Faktoren-Modell der Hochbegabung mit den drei Persönlichkeitsmerkmalen hohe intellektuelle Fähigkeiten, Motivation und Kreativität und den drei Sozialbereichen Familie, Schule und Freundeskreis. Erst bei einem guten Zusammenspiel dieser sechs Faktoren kann sich Hochbegabung entwickeln und zum Ausdruck kommen in besonderen Leistungen oder auffallenden Handlungen. Eine wesentliche Voraussetzung ist die Fähigkeit zum sozialen Umgang: soziale Kompetenz.

Wenn wir das Mehr-Faktoren-Modell als Analyserahmen verwenden, dann kann folgendes gesagt werden: In allen Bereichen hatte es eine positive Interaktion bis zum Eintritt in den Kindergarten gegeben; von dem Zeitpunkt an wurde Ellens Entwicklung beeinträchtigt. Einige Gespräche mit den Kindergärtnerinnen trugen dazu bei, dass man Einsicht bekam in die großen Fähigkeitsunterschiede, die bereits bei Kleinkindern bestehen. Bisher hatte man in diesem Kin-

Der Kindergarten beeinträchtigt Ellens Entwicklung.

dergarten die gleiche Behandlung aller als das Beste betrachtet. Das Kalenderdogma war oberstes Erziehungsprinzip. Aber nichts ist ungerechter, als Ungleiche wie Gleiche zu behandeln und zu erziehen! Den Kindergärtnerinnen wurde es nun endlich auch deutlich, dass es Ellen selber war, die so gerne lernen wollte, und dass die Eltern dem Kinde in dieser Hinsicht nichts in den Weg gelegt hatten, sondern es eher hierin unterstützten. Gemeinsam wurde nach Möglichkeiten gesucht, den Kindern mehr Raum für Selbständigkeitsentwicklung zu geben und nicht wie bisher alle gleich zu behandeln. Schließlich führten diese Gespräche nicht nur zu einer Verbesserung für Ellen, sondern alle Kinder profitierten hiervon. Individuelle Behandlung kommt allen Kindern zugute, auch Kleinkinder sind Persönlichkeiten mit eigenem Wesen und eigenen Vorstellungen.

Individuelle Erziehung ist wichtig.

„Verborgene" Hochbegabung ▸ Oft wird angenommen, dass sich unser Erklärungsmodell nur auf verwirklichte Hochbegabung bezieht und nicht auf „verborgene", potentielle Hochbegabung. Das ist ganz gewiss nicht der Fall. Daher wollen wir noch für einen Moment auf dieses Mehr-Faktoren-Modell eingehen, das wir in der Fachwissenschaft auch „Modell der triadischen Interdependenz" nennen.

Triade bedeutet eine Gruppe von drei Elementen oder Aspekten, die zusammengehören. Interdependenz bedeutet wechselseitige Abhängigkeit, Verflochtensein durch Abhängigkeit. In diesem Modell wird demnach zum Ausdruck gebracht, dass eine positive wechselseitige Beziehung zwischen den beiden Triaden und ein ausgewogenes Verflochtensein bestimmend sind für eine möglichst ungestörte Entwicklung von Hochbegabung.

Da einerseits eine wechselseitige Beziehung der drei Persönlichkeitsmerkmale wie auch der drei wichtigsten Sozialbezüge betont wird und andererseits auch die gegenseitige Abhängigkeit dieser beiden Dreiergruppen akzentuiert wird, ist es einfacher, die Behinderungsgründe und -faktoren aufzudecken, wie am Beispiel von Ellen gezeigt werden konnte.

Es ist unerlässlich bei der Beratung von Eltern und Lehrern, das Kind ganz zu erfassen: die geistigen und sozialen Fähigkeiten genauso wie das Gefühlserleben, die Motivation und das Erleben der Sozialbezüge. Erst bei einem Gesamtbild der Schülerpersönlichkeit kann ein Förderkonzept entwickelt werden, das „maßgeschneidert" ist für das jeweilige Kind.

Gute Förderkonzepte berücksichtigen die ganze Persönlichkeit des Kindes.

Unsere Arbeitsweise sieht daher so aus: zunächst eine möglichst vollständige Inventarisierung, Auswertung der Befunde; feststellen, ob zwischen erreichtem und potentiellem Niveau eine Diskrepanz besteht; herausfinden, wo eventuell Störfaktoren im Sozialkontakt sind; erst dann ein auf die betreffende Person zugeschnittenes Förderprogramm erstellen. Großes Gewicht bekommt hierbei die Realisierbarkeit der Maßnahmen. Ein perfektes Förderkonzept nützt nichts, wenn es nicht in die Praxis umgesetzt werden kann.

Neuere Entwicklungen

„Sieben Intelligenzen" ▸ Der amerikanische Psychologe Howard Gardner hat wesentlich dazu beigetragen, dass der enge Intelligenzbegriff bedeutend erweitert wurde. Bereits im Jahre 1983 hat er auf Grund von acht Qualitätskriterien seine Auffassung der „sieben Intelligenzen" dargestellt: sprachliche, logisch-mathematische, räumliche, musikalische, körperlich-kinästhetische, sowie die inter- und intrapersonale Intelligenz. Inzwischen hat er sein Konzept um die naturalistische Intelligenz erweitert. Die existentielle oder spirituelle Intelligenz betrachtet er eher als ein halbes Produkt. Scherzend sagt er, dass man höchstens von 8½ Intelligenzen sprechen könne (Gardner 1999, 66). Inter- und intrapersonale Intelligenz werden auch soziale und emotionale Intelligenz genannt.

Der Psychologe Howard Gardner rückt von einem engen Intelligenzbegriff ab.

Gardners Definition von Intelligenz

Gardners neueste Definition lautet: „Intelligenz ist ein biopsychologisches Potential, um Information zu verarbeiten, das in einer gesellschaftlichen Umgebung aktiviert werden kann, damit Probleme gelöst oder Produkte erstellt werden können, die wertvoll in der betreffenden Gesellschaft sind" (1999, 33–34). Demnach gibt es keine Intelligenz an sich. Sie ist immer kultur- und gesellschaftsgebunden. Sie entsteht auch nicht aus dem Nichts. Der Bezug zur sozialen Wirklichkeit ist ein charakteristisches Merkmal. Durch ihre Entwicklung und ihr Hineinwachsen in die soziale Wirklichkeit wird sie wertvoll, ganz gleich ob sie hoch, durchschnittlich oder niedrig ist.

Gardners „multiple Intelligenzen" haben weltweit große Aufmerksamkeit gefunden. Sie erwiesen sich als besonders nützlich für die Schulpraxis. Sehr viel Anschauungs- und Unterrichtsmaterial wurde entwickelt. In seinem Buch „Intelligence Reframed"

(1999) gibt es zahlreiche Hinweise auf bestehende Materialien und Personen, die sich in den verschiedenen Ländern mit der Umsetzung der Intelligenzen in anwendbaren Unterrichtsstoff befassen.

Im Jahre 1993 veröffentlichte Gardner das Buch „Creating Minds". Diese Veröffentlichung soll am Beispiel von sieben weltweit hervorragenden und anerkannten Personen die Existenz der Intelligenzen deutlich machen. Nacheinander bespricht er die Lebensläufe von sieben „kreativen Köpfen" und will somit die einzigartige Ausprägung der jeweiligen Intelligenz an diesen Personen verdeutlichen. So steht T.S. Eliot für die sprachliche, Einstein für die logisch-mathematische, Picasso für die räumliche, Igor Strawinsky für die musikalische, Martha Graham für die körperlich-kinästhetische, Mahatma Gandhi für die interpersonale und Sigmund Freud für die intrapersonale Intelligenz. Es sind zwar jeweils sehr unterschiedliche Einzelentwicklungen, wodurch es schwierig wird, Verallgemeinerungen über Entwicklungsverläufe von kreativen Köpfen aufzustellen. In einem Punkt besteht jedoch ein großes Maß an Übereinstimmung: Alle hatten großes Durchhaltevermögen und eine unbändige Motivation, angestrebte Ziele zu erreichen. Und für alle galt es, eine Durststrecke von vielen Jahren zu durchstehen. Für viele von uns wäre das Grund genug gewesen, die Verfolgung gesteckter Ziele aufzugeben.

In berühmten Personen verkörpern sich die einzelnen Intelligenzen.

Intelligenz und die erfolgreiche Bewältigung des Lebens ▸ Auch der amerikanische Psychologe Robert Sternberg hat dazu beigetragen, dass die enge und verengende Sicht auf *die* Intelligenz überwunden wurde. Er unterscheidet die analytische, kreative und praktische Intelligenz. Eingehend beschäftigte er sich mit der Frage: Was bedeutet die Intelligenz für die Bewältigung des

Lebens? Er nennt sie *Erfolgsintelligenz* (Sternberg 1998). Denn der einzig wahre Prüfstein der Erfolgsintelligenz ist letztlich der Erfolg im beruflichen und privaten Leben, gleich wie sie sonst gemessen oder definiert werden mag. Sternberg schreibt, „dass Menschen mit Erfolgsintelligenz viele Dinge gemeinsam haben, unabhängig von Grad oder Art ihres Erfolges" (1998, 275). Fehlen diese charakteristischen Verhaltensmerkmale in Beruf und Privatleben, dann kann das Selbstblockade und Versagen zur Folge haben. „Besitzt man sie jedoch, können sie entscheidend zur Selbstaktivierung und letztlich zum Erfolg beitragen" (Sternberg 1998, 275).

Die Motivation ist das erste von zwanzig zu unterscheidenden Verhaltensmerkmalen, da bei fehlender Motivation noch so hohe Talente und Begabungen eher wenig nützen. Schulische und berufliche Erfolge sind ohne Motivation nicht erreichbar. Andere Merkmale sind beispielsweise: Zielorientierung, Risikobereitschaft, die Initiative ergreifen, Durchsetzungsfähigkeit, Immunität gegen Selbstmitleid und ein gerütteltes Maß an Selbstvertrauen. Nach Sternberg werden Menschen mit Erfolgsintelligenz vor allem dadurch gekennzeichnet, dass sie gleichermaßen analytisch, kreativ und praktisch denken und handeln. Dieses letzte von zwanzig charakteristischen Verhaltensmerkmalen stellt eine ausgewogene Verbindung von analytischem, kreativem und praktischem Denken dar.

Menschen mit hoher Erfolgsintelligenz sind motiviert und durchsetzungsfähig.

Diese für Erfolg so wichtigen und unablässigen Verhaltensmerkmale werden mit konventionellen Intelligenztests nicht gemessen. Statische Intelligenz, so sagt Sternberg, zählt nichts oder nicht viel im Leben. Schule und Beruf können nur dann erfolgreich bestanden werden, wenn in der Schule nicht nur das analytische Denken, sondern auch das kreative und praktische Denken und Handeln gefördert und gefordert wird.

Die lebhafte und anschaulich beispielhafte Beschreibung jedes Merkmals ist überzeugend und plausibel. Aber die Frage ist, inwieweit die Verhaltensmuster erlernbar sind – und welche – und inwieweit sie messbar sind? Letztlich, so muss gesagt werden, werden nicht alle erfolgreichen Menschen alle zwanzig Merkmale besitzen. Aber immerhin lassen sich diese zwanzig Verhaltensmerkmale als Messpunkte verwenden, damit die Umrisse der Erfolgsintelligenz erkennbar werden.

Gardners und Sternbergs theoretische Auffassungen bilden den Kern moderner Intelligenztheorien. Ihre Forschungsergebnisse zeigen, dass es *die* Intelligenz nicht gibt. Dennoch haben sie offensichtlich die IQ-Gläubigkeit vieler Fachkollegen wenig beeinflussen können. Gardners Buch der multiplen Intelligenzen wurde mit dem bezeichnenden Titel „Abschied vom IQ" auf den deutschen Buchmarkt gebracht. Es ist seit Stern (1916) bekannt, dass Begabung immer nur die Möglichkeit der Leistung ist, sie ist nicht die Leistung selbst. Begabungen und damit Hochbegabung gibt es auf verschiedenen Gebieten und in unterschiedlicher Ausprägung. Außerdem hat bereits Stern (1916) gesagt, dass in der Grundschule 10 % bis 15 % der Kinder begabt bis sehr begabt sind. Diese Auffassung vertreten wir auch.

Begabtenförderung durch autonomes Lernen ▸ Ein in Europa kaum bekanntes Modell der Begabtenförderung ist das „Modell des autonomen Lernens" (Betts / Kercher 2008). Es ist aus der Praxis heraus entstanden und wurde schon länger als zwanzig Jahre erprobt. Es geht davon aus, dass begabte SchülerInnen unterschiedliche Lern- und Entwicklungsbedürfnisse haben und ebenso unterschiedliche Lern- und Bewältigungsstile. In fünf Phasen wird das Individuum zum selbständigen lebenslang Lernenden hingeführt.

Die fünf Phasen des autonomen Lernens

- In der **„Orientierungsphase“** wird in Zusammenarbeit von LehrerInnen, Eltern und SchülerInnen die notwendige Begriffsklärung erarbeitet, z.B.: „Was ist Intelligenz?“ „Was ist Begabung?“ Außerdem werden Aktivitäten zur Gruppenbildung durchgeführt mit dem Ziel, Teamfähigkeit zu erreichen.
- In der **„Phase der individuellen Entwicklung“** werden inter- und intrapersönliche Lernfähigkeiten entwickelt. Kognitive, emotionale, soziale und körperliche Fertigkeiten, Haltungen und Auffassungen sollen sich in gleicher Weise ganzheitlich entwickeln.
- In der **„Enrichmentphase“** werden Situationen und Gelegenheiten geboten, um Inhalte zu erforschen, die den normalen Lehrplan übersteigen. Es geht darum, dass Inhalte und Themen auf eigenständige Weise erarbeitet werden.
- In der vierten Phase **„Projektarbeit in kleinen Gruppen“** sollen in Kleingruppen (3 bis 5) Themen erarbeitet werden, die der Klasse und anderen Interessenten vorgestellt werden und die schließlich auch an Hand von Bewertungskriterien beurteilt werden. Projektarbeit ist eine wesentliche Voraussetzung für aktiven Wissenserwerb.
- Die letzte Phase dient dem **„Tiefenstudium“**. SchülerInnen bestimmen selbst, was gelernt wird, wie es präsentiert wird und wie es ausgewertet bzw. bewertet wird. Bei der Festlegung des Themas und dessen Ausarbeitung wird mit Lehrpersonen oder Fachleuten zusammengearbeitet. Ganz wichtig ist hierbei die Abschlusspräsentation und die Schlussbeurteilung.

Diese Kurzbeschreibung der fünf Phasen vermittelt nur begrenzt ein Modell, das den ganzen Menschen miteinbezieht, d.h. kognitive, soziale und emotionale Verhaltensmerkmale. In der Praxis erstreckt es sich über einen Zeitraum eines ganzen Schuljahres. Es fördert einen dynamischen Entwicklungsprozess, der als Ziel hat, selbständig, eigenverantwortlich zu lernen und zu leben.

Abschließend muss festgestellt werden, dass es nicht zutreffend ist, wenn immer wieder von Psychologen und Pädagogen hohe Intelligenz mit hoher Begabung gleich gesetzt wird, wie beispielsweise Stapf (2003a, 2003b) und v. Scheidt (2004) das regelmäßig tun. Hochbegabung ist die individuelle Fähigkeit, auf einem oder mehreren Gebieten gute oder gar ausgezeichnete Leistungen zu erbringen. Damit aus dem Potential Leistung entstehen kann, müssen – wie im Mehr-Faktoren-Modell dargestellt wird – (siehe Seite 25 ff in diesem Buch) sowohl in der Person wie im Umfeld unterstützende und erfolgssteigernde Faktoren gegeben sein. Immer dann, wenn Begabung auf IQ reduziert wird, geht man an der Wirklichkeit vorbei.

Begabung kann nicht auf den gemessenen IQ reduziert werden.

Verschiedene Begabungsformen

Eine besondere Begabung findet in ganz verschiedenen Formen Ausdruck: So bestechen einige hochbegabte Kinder durch ihre intellektuellen Leistungen, während andere Kinder außergewöhnlich kreativ sind oder hohe künstlerische und soziale Fähigkeiten zeigen. Die unterschiedlichen Begabungsformen treten dabei oft gemeinsam auf, können aber auch isoliert vorkommen.

Den Wortlaut der offiziellen Definition von Hochbegabung, wie er in den Vereinigten Staaten gehandhabt wird, haben wir weiter oben wiedergegeben (Seite 17f). Wir wissen, dass man von mehreren Begabungsformen ausgeht. Besondere Begabung kann sich auf vier verschiedenen Gebieten zeigen.

Vier mögliche Gebiete von Hochbegabung

1. das Gebiet der geistigen Fähigkeiten, der intellektuellen Leistungen;
2. das Gebiet der Kreativität und Produktivität;
3. das Gebiet der Kunst, der darstellenden und musischen Künste;
4. das soziale Gebiet, wobei Führungsqualitäten gemeint sind.

Wir können zwar einen Unterschied zwischen den oben genannten Gebieten machen, aber oft treten sie bei einer Person gemeinsam auf, oder ein bestimmtes Gebiet ist auffallend ausgeprägt. Es gibt Einzel- und Mischformen von Hochbegabung. In diesem Buch reden wir vor allem von Kindern, die außergewöhnliche intellektuelle Anlagen und / oder Leistungen aufweisen. Die in diesem Leitfaden dargestellten Modelle von Gardner, Sternberg und auch Betts zeigen jedoch, dass Begabungen darüber hinaus in weiteren Formen zum Ausdruck kommen können.

Es existieren sowohl Einzel- als auch Mischformen von Hochbegabung.

Die Rolle der Kreativität ▸ Kreativität wird oft als ein wichtiger Hinweis auf mögliche Hochbegabung betrachtet. Es handelt sich um einen schwierigen Begriff, der sich nicht einfach umschreiben lässt. Es gibt keine allgemein gültige und akzeptierte Definition von Kreativität, außerdem ist undeutlich, was in der frühen Kindheit Hinweise auf eine später mögliche Kreativität sind.

Jemand kann sehr kreativ und originell sein im Bedenken und Lösen von rechnerischen Problemen, aber beispielsweise nicht im Schreiben. Außerdem kann jemand während bestimmter Lebensperioden auf einem oder verschiedenen Gebieten außerordentlich kreativ sein, aber nicht fortwährend und ununterbrochen.

In unserer Definition nimmt die Kreativität eine wichtige Stellung ein. Genau wie Hochbegabung muss Kreativität immer in Bezug auf ein bestimmtes Leistungsgebiet gesehen werden. Niemand ist pur kreativ oder pur hochbegabt. Immer äußert sich dies auf einem bestimmten Gebiet. Aus einer Vielzahl von Untersuchungen geht hervor, dass die meisten kreativen Personen auch hochbegabt sind. Andersherum gilt nicht das gleiche: Nicht alle hochbegabten Personen sind auch kreativ.

Auch Kreativität muss immer in Bezug auf ein bestimmtes Leistungsgebiet gesehen werden.

Künstlerische Hochbegabung ▸ Vor allem in den darstellenden Künsten und in der Musik kommt die künstlerische Hochbegabung zum Ausdruck. Die Entwicklung von Anlagen auf diesen Gebieten ist stark abhängig von einer stimulierenden und fördernden Umgebung. Eine optimale Entwicklung künstlerischer Anlagen bringt es oft mit sich, dass endlos viel geübt werden muss, wodurch es diesen Kindern oft am nötigen Sozialumgang fehlt. Freundschaften können dadurch oft nicht geschlossen werden. Ein hochbegabtes Kind ist nicht gleichzusetzen mit einem „Wunderkind“, wie Mozart es z. B. war.

Derartige Spitzentalente sind sehr dünn gesät und kommen vielleicht ein- oder zweimal in hundert Jahren vor. Musikalität kann früh im Kinde geweckt werden (siehe das Leipziger Beispiel Seite 14), aber nur durch eisernen Fleiß und unentwegte Ausdauer kann sie zu Spitzenleistungen führen.

Früh übt sich ...: Vor allem in der Musik kommt künstlerische Hochbegabung zum Ausdruck.

Frühe „Führungsqualitäten" Bereits im Verhalten des Kleinkindes, das beliebt und umgänglich ist, erkennt man Aspekte, die notwendige Voraussetzungen für leitende Personen sind. Von einem guten Leiter wird erwartet, dass er Umgangsqualitäten hat wie z. B. Entschlussfähigkeit, den „richtigen Blick", Gewandtheit im Umgang mit anderen und respektvolle Haltung gegenüber anderen. Popularität ist auch ein wichtiger Faktor. Auch von Führungseigenschaften muss gesagt werden, dass diese sich nicht von selber entwickeln, sondern auch hier gilt wieder, dass kluge und richtige pädagogische Begleitung und Förderung von frühester Kindheit an unentbehrlich sind.

4 Hochbegabung und Talent

„Hochbegabung“ und „Talent“ werden nicht von allen Wissenschaftlern und Pädagogen einheitlich verstanden. Gleichwohl kann von einer sehr ähnlichen Bedeutung der Begriffe ausgegangen werden: Die Bezeichnungen „begabt“, „hochbegabt“ und „talentiert“ verweisen auf gleiche Sachverhalte und betonen stets die besonderen Fähigkeiten eines Kindes in verschiedenen Bereichen.

Unklare Begriffsverwendung Oft werden die Ausdrücke „Hochbegabung" und „Talent" synonym, als sinnverwandte Wörter gebraucht. Es gibt auch viele, die „Hochbegabung" ausschließlich verwenden für Personen mit außergewöhnlichen Fähigkeiten auf intellektuellem Gebiet, während sie den Ausdruck „Talent" nur dann verwenden, wenn es um Personen geht, die ausgesprochene Fähigkeiten auf den Gebieten von Kunst, Sport, Musik oder in der darstellenden Kunst haben. Ein derart verschiedenartiger Gebrauch der beiden Wörter wird von vielen kritisiert, da die wirkliche Bedeutung doch verschleiert bleibt.

Es gibt auch Pädagogen und Wissenschaftler, die einen Unterschied machen zwischen hochbegabt und talentiert, indem sie behaupten, dass Hochbegabung auf außergewöhnliche Begabung auf mehreren Gebieten verweise (wie Sprachen, Mathematik und Naturkunde). Den Begriff Talent finden sie dann zutreffend, wenn jemand nur auf einem der Gebiete hervorragend ist (z.B. auf dem Gebiet der Mathematik).

Schließlich gibt es noch eine kleinere Gruppe von Pädagogen und Wissenschaftlern, die einen Unterschied zwischen hochbegabt und talentiert machen, indem sie auf Resultate bei Intelligenz- und Leistungstests verweisen. So sind nach dieser Auffassung jene hochbegabt, die zu den obersten 10% gehören. Wer dagegen niedrigere IQ-Werte erreicht, ist talentiert.

„Talentiert", „hochbegabt" und „begabt" werden gleichbedeutend verwendet.

Wir sehen, dass es keine Übereinstimmung über den exakten Gebrauch der beiden Begriffe gibt. Daher wird in der internationalen Literatur ein synonymer, ein sinnverwandter Gebrauch der beiden Wörter bevorzugt. Auch wir verwenden in diesem Buch die Begriffe „talentiert", „Talent", „hochbegabt", „Hochbegabung", „begabt" und

„Begabung" synonym, d.h., wir betrachten sie als Begriffe, die dieselbe oder eine sehr verwandte Bedeutung haben.

Merkmale und Entwicklungschancen hochbegabter Kinder ▸ Kenntnisse über bestmögliche Entwicklungschancen für Kinder, über Merkmale der Hochbegabung und vor allem die Einsicht, dass die Entwicklung von Kindern und Jugendlichen eng verflochten ist mit ihrer sozialen Umgebung, führen uns zu ganz bestimmten Fragen.

Zentrale Fragen der Förderung hochbegabter Kinder

- Wie erkennen wir hochbegabte Kinder?
- Was sind spezifische und positive Merkmale der Interaktion zwischen dem Kind und seiner sozialen Umgebung?
- Wie müssen hochbegabte Kinder daheim und in der Schule erzogen werden?

Diesen Fragen werden wir in den nächsten Abschnitten nachgehen.

Finden und Fördern: unzertrennliches Zwillingspaar

Früh entwickeln besonders begabte Kinder intellektuelle Interessen, zeigen eine fast unstillbare Lernbegierde und folgen einem ausgeprägten Lese- und Schreibdrang. Wer diese Eigenschaften als Ausdruck von Hochbegabung erkennt und entsprechend fördert, wirkt möglichen Entwicklungsstörungen entgegen und unterstützt das Kind bei der Ausformung eines positiven Selbstbildes.

5

Hochbegabte Säuglinge? Vor einiger Zeit wurde auf einer Konferenz über Hochbegabtenförderung auch über hochbegabte Säuglinge gesprochen. Viele der Anwesenden bezweifelten, ob man schon bei Säuglingen über Hochbegabung reden kann. Schließlich ist ein Baby nicht in der Lage zu reden, und die Äußerungsformen von Behagen und Unbehagen sind bei den meisten Säuglingen ungefähr gleich. Wohl unterscheiden sich bereits Säuglinge auffallend stark voneinander durch das Ausmaß der Aktivität und der Aufmerksamkeitszuwendung.

Viele Eltern von hochbegabten Kindern können sich zurückschauend deutlich daran erinnern, dass ihr Kind schon kurz nach der Geburt auffiel durch die große Aufmerksamkeitszuwendung zu Menschen und Dingen in seiner direkten Umgebung. Manche Eltern berichten, dass sie den Eindruck gehabt hätten, ihr Säugling „beobachte" die Umgebung schon konzentriert.

Einige Säuglinge fallen durch die genaue Beobachtung ihrer Umgebung auf.

Auch in der Sprachentwicklung zeigen diese Kinder oft einen frühen Vorsprung, indem sie nicht selten bereits beim ersten Geburtstag einige Wörter sprechen und schon bald ganze Sätze bilden. Andere zeigen dagegen in der Sprachentwicklung eine „Verzögerung" und sprechen erst im Alter von eineinhalb oder zwei Jahren, dann jedoch reden sie vollständige und grammatikalisch gute Sätze. Für die „Spätentwicklung" gibt es eine plausible Erklärung: Hochbegabte Kinder sind oft sehr genau, perfektionistisch; erst, wenn sie innerlich etwas vollständig beherrschen, zeigen sie es. Beim Sprechen würde das bedeuten, dass die Sprachbeherrschung innerlich erst stimmen muss, bevor man sich lautlich äußert.

Kehren wir zurück zur obengenannten Konferenz: Es gibt keine allgemein gültigen und untrüglichen Kennzeichen, die bereits beim Säugling als Hinweis auf Hochbegabung betrachtet werden können. Eines der Probleme hierbei ist nämlich, dass beispielsweise das „aufmerksame Hinschauen“ nicht bei allen Kindern vorkommt, die sich später als hochbegabt erweisen. Es wird noch sehr viel Forschung in der natürlichen, häuslichen Umgebung des Kindes nötig sein, um herauszufinden, was genau Anzeichen von Begabung bereits beim Säugling sind. Diese Ergebnisse sind äußerst wichtig für die Beratung von Eltern, wie sie erzieherisch mit diesen Kindern im frühen Alter umgehen sollen.

Das Kindergartenkind Wenden wir uns dem etwas älteren Kind, dem (Vor-)Kindergartenkind, zu, so passiert es nicht selten, dass diese Kinder spontan Interesse am Lesenlernen und auch am Schreiben bekommen. Wenn dieser Drang nicht unterdrückt wird, lernen diese Kinder tatsächlich Lesen und Schreiben. Oft auch entwickeln diese Kinder eigene Methoden im Umgang mit Zahlen und Mengen, indem sie beispielsweise der Mutter beim Nähen zusehen und voller Faszination das Zentimetermaß betrachten, mit dem man rechnen kann. Wenn man beispielsweise das Zentimetermaß bei der Drei zweimal umschlägt, dann sieht man von selbst, dass drei gleiche Stücke zusammen neun ergeben. So lernt das Kind aus eigenem Antrieb, auf eigene Art zu multiplizieren.

Hochbegabte Kinder sind oft frühe Leser oder entwickeln eigene „Rechenmethoden“.

Auch hier wieder lehrt die Erfahrung, dass nicht alle hochbegabten Schüler frühe Leser waren oder eigene Rechenmethoden entwickelten. Wohl kann man aus diesem lernhungrigen Verhalten schließen, dass diese Kinder schon früh ihre spontane Aufmerksamkeit auf „Lerndinge“ richten. Diese spontanen Lernfortschritte im Vorschulalter werden oft negativ beurteilt von Lehrern, da sie natürlich in der ersten und zweiten Klasse mit Kindern konfrontiert werden, die eigentlich schon alles können, was sie in der Schule erlernen sollen. Hier liegt ein Problem, das offen zwischen Eltern und Lehrern besprochen werden muss, und man muss eine Lösung finden, die dem Kinde gerecht wird. Es darf nicht so sein, dass das Kind „bestraft" wird, wenn es seinen spontanen Entwicklungsbedürfnissen folgt. Auch hier gilt wieder: Der blinde Glaube an die unzulängliche Kalenderdogmatik muss ausgemerzt werden. (Übrigens wies bereits im Jahre 1936 der einflussreiche niederländische Schulpsychologe Luning Prak auf diesen Missstand hin.)

Frühe Sprachentwicklung ▸ Versuchen wir, weitere Verhaltensauffälligkeiten beim hochbegabten Kinde zu erfassen. Die Sprachentwicklung scheint ein ins Auge springendes frühes Merkmal der Hochbegabung zu sein, denn in der Sprache kommt das Denken zum Ausdruck, vor allem auch das ursprüngliche Denken des jungen Kindes.

Der sinnvolle Umgang mit Sprache ist ein frühes Merkmal der Hochbegabung.

Produktiver Umgang mit der Sprache (im Gegensatz zum reproduktiven Umgang) ist offensichtlich ein zentrales Merkmal bei jungen hochbegabten Kindern. Hierauf wird immer wieder in einschlägigen Büchern und Artikeln hingewiesen.

Beispiel

Wenn ein Mädchen von kaum eineinhalb Jahren sagt: „Diese Frau trägt Handschuhe, dann hat sie keine kalten Hände", dann bringt das Kind zum Ausdruck, dass es ursächliche Zusammenhänge wahrnehmen kann. Handschuhe trägt man, um zu vermeiden, kalte Hände zu bekommen. Die Bedeutsamkeit der obigen kindlichen Aussage wird prägnanter, wenn man die Situation kennt. Das Mädchen liebt es, aus dem ebenerdigen Geschoss zum Fenster hinauszuschauen. Täglich drückt es sein Näschen an der Fensterscheibe platt, um zu sehen, was draußen vor sich geht. Täglich kommt eine alte Dame mit ihrem Hund am Fenster vorbei, und die Dame grüßt das Kind. Als diese Dame dann an einem kalten Herbsttag zum erstenmal Handschuhe trägt, schaut das Mädchen mit großer Faszination auf die Hände der Dame, weil sie noch nie vorher Handschuhe bei der Frau (und vielleicht auch bei keinem anderen) gesehen hatte, und kommt zu der obigen frappierenden Äußerung.

Wenn wir nun im folgenden versuchen, einige wichtige Merkmale hochbegabter Kinder zu besprechen, dann ist zu bedenken, dass diese Liste ganz gewiss nicht vollständig ist und auch nicht auf alle begabten Kinder zutrifft. Einige prägnante Merkmale bei Hochbegabten sind diese:

Frühe intellektuelle Interessen ▸ In psychologischer Hinsicht haben sie einen Entwicklungsvorsprung, wodurch sie oft frühe intellektuelle Interessen haben, die keineswegs „altersgemäß" sind. Es besteht demnach eine weite Kluft zwischen intellektuellem Verhalten von Gleichaltrigen und dem Niveau des (gleichaltrigen) begabten Kindes. Dadurch, dass bei den meisten Kindern die körperliche Entwicklung übereinstimmt mit den Altersnormen, ist die Diskrepanz zwischen Geist und Körper desto auffallender. Viele Pädagogen fühlen sich ratlos und wissen nicht, was sie machen sollen. Zu einer solchen Ratlosigkeit besteht kein Anlass, da in keinem

Bei hochbegabten Kindern entwickeln sich Körper und Geist unterschiedlich schnell.

Lehrbuch der Entwicklungspsychologie steht, dass sich Körper und Geist mit derselben Geschwindigkeit, zu denselben Zeitpunkten während des Lebenslaufes entwickeln müssen.

Auf der Jagd nach Wissen: Hochbegabte Kinder können oft von Büchern nicht genug bekommen.

In der Entwicklungspsychologie ist das kalendarische Alter nur eine globale Norm, und zwar im Hinblick auf die Gesamtentwicklung wie auch die Entwicklung der verschiedenen Teilgebiete. Dies alles bedeutet, dass das kalendarische Alter ein unbrauchbarer Bezugsrahmen für die Beurteilung von hochbegabten Kindern und Jugendlichen ist.

Neugier und „Lernhunger“ ▸ Hochbegabte Kinder fallen oft schon in jungen Jahren dadurch auf, dass sie sehr neugierig und lernbegierig sind. Das bekannte „Warum-Alter“, das gewöhnlich etwa im Alter von drei Jahren anfängt und zwischen drei und vier Jahren einen Höhepunkt hat, beginnt bei begabten Kindern erheblich früher und scheint nie aufzuhören. Mit unvollständigen und simplen Antworten geben sie sich nicht zufrieden, sie fragen weiter, bis sie es genau wissen – das kann sich oft über Tage und Wochen erstrecken.

Das „Warum-Alter“ scheint bei hochbegabten Kindern nie aufzuhören.

Große Energie ▸ Die Natur scheint sie auch reichlich mit Energie versehen zu haben. Das bringt mit sich, dass sie nie müde zu werden scheinen und damit Eltern und Lehrer oft zur Verzweiflung treiben. Immer wieder wird auf das geringe Schlafbedürfnis von begabten Kindern hingewiesen, da sie offensichtlich ihre geistige Tätigkeit nicht „abschalten“ können, wenn sie im Bett liegen. Andere haben beobachtet, dass diese Kinder gute Schläfer sind, und führen das auf den hohen Energieverbrauch tagsüber zurück.

Konzentration und Aufmerksamkeit ▸ Obgleich sie sich konzentriert und aufgabenbewusst auf eine Arbeit richten können, können sie sich auch gleichzeitig mit mehreren Sachen beschäftigen. Offensichtlich ist ihre Aufnahme und Verarbeitung von Information sehr wirkungsvoll. Diese Streuung der Aufmerksamkeitszuwendung wird oft als Oberflächlichkeit beurteilt, und zwar von Eltern und Lehrern.

Hochbegabte Kinder können sich mit mehreren Dingen gleichzeitig beschäftigen.

Gedächtnis, Interessen, Humor ▸ Außer einem ausgezeichneten Gedächtnis und einer breiten Streuung von Interessen haben sie oft auch ein besonderes Gefühl für Humor. So wird der aufmerksame Zuhörer bei Zwei- bis Dreijährigen spaßige Bemerkungen wahrnehmen können, die diese Kinder mit Laut- und Wortkombinationen machen (z.B. „Das ist kein Badeanzug, sondern ein Bratenanzug!", zweieinhalbjähriges Mädchen).

Perfektionismus ▸ Der Hang zum Perfektionismus und die starke Neigung, etwas unbedingt selber, auf eigene Art zu tun, hat schon viele Eltern und Lehrer der Verzweiflung nahe gebracht. Etwas bis auf den „I-Punkt" klären zu wollen ist in den Augen der Hochbegabten ganz normal. Dieser perfektionistischen Grundhaltung muss wahrscheinlich auch zugeschrieben werden, dass so manche hochbegabten Kinder augenscheinlich spät anfangen zu sprechen, dann aber gleich fehlerlos schwierige Sätze konstruieren mit Mehrzahlbildung und richtigem Gebrauch von Tätigkeitswörtern (siehe oben Seite 46) – und dies oft schon im Alter von zwei Jahren. Das folgende Beispiel ist in dieser Hinsicht sehr typisch.

Beispiel

Ein zweijähriger Junge sagt eines Tages zu seiner Mutter, nachdem er vorher kaum ein Wort gesagt hatte: „Schau Mama, dort ist ein Eichhörnchen." Die Mutter wurde von dieser „Sprachexplosion" so getroffen, dass sie mit ihrem Söhnchen im Eiltempo zur Arbeitsstelle ihres Gatten fuhr und sagte: „Nun höre mal zu, was unser Sohn gerade zu mir gesagt hat!" Worauf der Junge ganz gelassen meinte: „Ich sagte gerade zu Mama, schau, dort ist ein Eichhörnchen!"

Sinnfragen Es besteht wahrscheinlich ein Zusammenhang zwischen dieser Gründlichkeit und diesem Perfektionismus, dass hochbegabte Kinder schon sehr früh – nicht selten bereits im Alter von drei oder vier Jahren – über den Sinn des Lebens nachdenken und hierüber eindringliche Fragen stellen. Sie wollen nicht nur alles über die Abstammung des Menschen wissen, sondern auch, was nach dem Tode kommt. Das Interesse an Dinosauriern und Astronomie hat hierin sicherlich seinen Ursprung. Diese beiden Gebiete sind eine Verdichtung der Fragen „Woher kommen wir?" und „Wohin gehen wir?". Dieses tief gehende Nachdenken über die menschliche Existenz kann schon bei jungen Kindern zu dem Gedanken führen, dass das Leben eigentlich sinnlos ist. Im Jugendalter kann das konsequente Weiterdenken über den Sinn des eigenen Lebens zu Selbsttötungsgedanken und -taten führen.

Lese- und Schreibdrang Bereits im Vorschulalter lernen diese Kinder oft aus eigenem Antrieb Lesen und Schreiben. Das gilt nicht für alle hochbegabten Kinder. Es kann noch keine Antwort gegeben werden auf die Frage, warum die einen spontan im Vorschulalter das Lesen lernen und die anderen nicht. Dieses frühe Lesen und Schreiben hat oft zur Folge, dass diese Kinder schlecht schreiben, weil die Feinmotorik in diesem Alter noch nicht genügend entwickelt ist. Für Grundschullehrer, die diesen Kindern wegen ihres Vorsprunges nicht immer wohlgesinnt gegenüberstehen, ist ausgerechnet schlechtes Schreiben oft ein unduldbarer Stolperstein. Schönschreiben wird von vielen Grundschullehrern als das wichtigste Anzeichen schulischen Lernens und schulischer Anpassung gesehen. Es ist allerdings erwiesen, dass das im frühen Kindesalter erworbene schlechte Schreiben durch gezielte Übungen später schnell verbessert werden kann.

Hochbegabte Kinder schreiben oft schlechter als ihre normal begabten Altersgenossen.

Mengen und Zahlen Diese Kinder fallen auch durch eine frühe Entwicklung des Mengen- und Zahlenbegriffs und die Entwicklung eigener Rechenmethoden auf. Oft zeigt sich dann, dass der selbständige Umgang mit Zahlen nicht übereinstimmt mit den Methoden, die in der Grundschule angewandt werden. Und meistens gilt nur das, was die Schule verkündet. Auch hier besteht wieder ein Konfliktherd zwischen Lehrer und Kind, wobei letzteres im ungleichen Machtstreit der unbedingte Verlierer ist. Wird allzu drastisch und dirigistisch vom Schüler verlangt, nur das zu tun, was die Schule vorschreibt, dann kann das bereits zu Anfang der Schullaufbahn zu großer Enttäuschung oder gar zu negativer Schulmotivation führen.

Durch den eigenständigen Umgang mit Zahlen können Konflikte in der Schule drohen.

Passiver Wortschatz Der passive Wortschatz, d.h. mehr zu verstehen als mit Worten zum Ausdruck bringen zu können, beläuft sich bei diesen Kindern mit etwa einem Jahr auf über 100 Wörter. Dieser passive Wortschatzumfang ist gewöhnlich bei Kindern zwischen eineinhalb und zwei Jahren feststellbar.

Wissen um Zusammenhänge Erkennen von Zusammenhängen (z.B. der Zusammenhang zwischen Lichtschalter und Lampe), auch das Verständnis ursächlicher Zusammenhänge (z.B. die Dame mit den Handschuhen, siehe oben Seite 49) ist bei hochbegabten Kindern oft schon im neunten Lebensmonat zu beobachten, während es normalerweise erst bei dreijährigen Kindern wahrnehmbar ist.

„Objektpermanenz“ Auch die in der Fachsprache genannte „Objektpermanenz“, d.h. die Einsicht, dass ein Objekt (z.B. Mutter oder Spielzeug) weiter besteht, auch wenn es nicht mehr zu sehen ist (Kleinstkinder heulen oft, wenn die Mutter das Zimmer verlässt, weil sie annehmen, dass die Mutter nicht mehr besteht), kann man bei hochbegabten Kindern bereits in der zweiten Hälfte des ersten Lebensjahres feststellen, während sie sich normalerweise erst um den 18. Lebensmonat entwickelt.

Psychomotorik ▸ Ein weiteres frühes Anzeichen scheint auch ein Entwicklungsvorsprung auf dem Gebiet der Psychomotorik zu sein. Für gewöhnlich können Kinder mit etwa zwei Jahren die Blattseite eines Buches mit Daumen und Zeigefinger umschlagen. Nicht selten kann man dieses feinmotorische Verhalten – das wieder eine ganz andere Feinmotorik als das Schreiben voraussetzt! – bei hochbegabten Kindern schon mit neun Monaten beobachten. Außerdem können sie Erwachsene auffordern, etwas zu erzählen, indem sie in Bilderbüchern Bilder aufsuchen und darauf zeigen, weil sie darüber gerne eine Geschichte hören möchten. Diese sprachfreie Kommunikationsfähigkeit wird in der Fachliteratur sehr oft erwähnt.

Nicht so oft wird erwähnt, dass hochbegabte Kinder bereits vor dem ersten Lebensjahr laufen können, oft schon mit sieben oder acht Monaten. Der normale Entwicklungsverlauf des Laufenlernens vollzieht sich zwischen dem 12. und dem 18. Lebensmonat (siehe für weitere Entwicklungsdaten Mönks / Knoers 1996).

Diese Aufzählung von Verhaltensmerkmalen bei hochbegabten Kindern ist nicht vollständig. Trotzdem können sie eine brauchbare Hilfe sein beim frühen Erkennen von Hochbegabung. Wenn man sie richtig erkennt, kann man auch besser auf die Entwicklungsbedürfnisse des Kindes eingehen. Für eine gute Entwicklung des Selbstbildes, eine zentrale Schaltstelle unseres Verhaltens und psychischen Wohlbefindens, ist erforderlich, dass von Anfang an auf die

Für eine positive Entwicklung ist es wichtig, Hochbegabung früh zu erkennen.

besonderen Entwicklungsbedürfnisse von Kindern eingegangen wird. Werden Lern- und Wissbegierde nicht erkannt, verneint oder abgebremst, kann es schon früh zu Entwicklungsstörungen kommen. Für Erzieher und Kind ist es viel befriedigender, wenn alles getan wird, um Entwicklungsstörungen zu vermeiden.

Merkmale hochbegabter Kinder

- frühe Sprachentwicklung,
- frühe, oft breit gestreute, intellektuelle Interessen,
- große Energie,
- ausgeprägte Fähigkeit zu Konzentration und Aufmerksamkeit,
- besonderes Gefühl für Humor,
- ausgzeichnetes Gedächtnis,
- Perfektionismus,
- Fragen nach dem Sinn des Lebens,
- Lese- und Schreibdrang,
- großer passiver Wortschatz,
- eigenständiger Umgang mit Mengen und Zahlen,
- Verständnis von Zusammenhängen,
- Wissen um „Objektpermanenz",
- z.T. feinmotorischer Entwicklungsvorsprung.

Kind und soziale Umgebung

Sollen sich hochbegabte Kinder optimal entwickeln, bedarf es einer sozialen Umgebung, die ihre besonderen Fähigkeiten und Wünsche berücksichtigt. Gelingt diese Vermittlung zwischen dem individuellen Kind und dem gesellschaftlichen Umfeld nicht, kann es zu Problemen und Missverständnissen in Familie oder Schule kommen. In der Praxis tritt dieses Ringen um gegenseitige Akzeptanz und Anpassung dabei ganz unterschiedlich in Erscheinung.

6

Wir beschrieben die Probleme, die sich für Ellen und ihre Eltern ergaben, als das Mädchen mit viereinhalb Jahren in den Kindergarten kam (Seite 23ff). Einige Gespräche mit den Kindergärtnerinnen vermittelten diesen eine bessere Einsicht und ein besseres Verständnis dafür, wie man am besten mit begabten Kindern umgeht. Sie begriffen, dass die Entwicklungsgesetzmäßigkeiten, wie sie in Lehrbüchern stehen, nicht auf alle Kinder und gewiss nicht auf hochbegabte Kinder zutreffen. Der Kern der Problematik im Fall Ellen war im Grunde der, dass die beiderseitige Akzeptanz und Anpassung zwischen Kind und Kindergarten gestört war. Das Kind fühlte sich nicht akzeptiert, und der Kindergarten forderte unbedingte Anpassung. Akzeptanz und Anpassung erzeugen Probleme, wenn sie nicht wechselseitig sind, nicht von beiden Seiten gewollt und verwirklicht werden.

Konflikte zwischen Individuum und Gesellschaft ▸ Menschliche Entwicklung ist immer ein Prozess, der von zwei Seiten bestimmt wird. So wird ein Kind natürlich von seinen Eltern beeinflusst, jedoch gilt umgekehrt das gleiche: Auch das Kind beeinflusst das Verhalten und Handeln seiner Eltern. Dies bedeutet, dass menschliche Entwicklung gegenseitige Anpassung voraussetzt. Entwicklung ist – in einer etwas anderen Formulierung – ein Prozess des Gebens und Nehmens, ein Prozess des Austauschens. Dieser wechselseitige Bezug gilt im Grunde für alle Sozialkontakte, überall, wo Menschen miteinander umgehen, ist Geben und Nehmen im Spiel. Was das Verhalten in der Schule betrifft, so gehen noch viele davon aus, dass sich der Schüler dem schulischen Geschehen anpassen muss, da er ein Lernender, ein „Zögling" ist. Wir werden noch auf diese falsch verstandene Rolle der Schule eingehen.

Jede menschliche Entwicklung beruht auf Prozessen des Gebens und Nehmens – auch in der Schule.

Es ist ein zentrales Merkmal eines jeden Menschen, dass er hineinwächst in die Lebensgewohnheiten der jeweiligen Gesellschaft und Kultur. Es gibt hier nicht nur Unterschiede zwischen verschiedenen Gesellschaften, sondern auch innerhalb einer Gesellschaft gibt es große Unterschiede in der Lebensauffassung, in der Auffassung darüber, was wichtig ist im Leben. Dabei gehört es zur Aufgabe des Menschseins, seinen eigenen Weg zu finden, eine Balance zu finden zwischen den eigenen Fähigkeiten und Wünschen und den gesellschaftlichen Möglichkeiten und Anforderungen. Dieser Anpassungsprozess – und das ist es im Grunde – kann zu einer schweren Aufgabe und Bürde werden, wenn der Abstand zwischen dem Individuum und seiner Umgebung in mancher Hinsicht zu groß ist.

Eigene Fähigkeiten und Wünsche müssen mit den gesellschaftlichen Anforderungen in Einklang gebracht werden.

Die folgenden drei Praxisbeispiele verdeutlichen, wie die Konfrontationen zwischen Kind und sozialer Umgebung, zwischen Individuum und Gesellschaft aussehen können. Immer wird um Akzeptanz und Anpassung gerungen.

Den eigenen Weg finden ...

Andreas

Die Familie wohnte in einem kleinen Ort in der Nähe einer Großstadt. Die Eltern von Andreas waren hierher gezogen, als der Vater vor Jahren im städtischen Krankenhaus eine Anstellung als Internist bekam. Eigentlich waren sie von Anfang an „Fremde" in dieser ländlichen Umgebung. Die Devise des Vaters war: Die Lebenswirklichkeit ist voller Unterschiede, daher soll man sich dort anpassen, wo man lebt. Andreas und seine Schwester Gabi gingen daher in die kleine Dorfschule.

Ausgrenzung in der Klasse Eigentlich fühlten sie sich von Anfang an nicht wohl in dieser Schule. Fortwährend waren sie Zielscheibe von Sticheleien und tätlichen Angriffen. Andreas stellte in der Klasse viele Fragen, und er fiel durch sein großes Wissen auf. Sein Wortschatz war bedeutend größer als der der Klassengenossen, und er hatte nicht den typischen Dorfakzent in seiner Aussprache. Die anderen Schüler fanden das blöde und meinten, dass er sich anstelle. Für die ist das Grund genug, Andreas immer wieder zum Zentrum ihrer Angriffe zu machen: Sie rufen im Chor, dass er doof sei, lassen die Luft aus seinen Fahrradschläuchen, werfen wiederholt sein Fahrrad und ihn selber in die Sträucher, oder sie fesseln ihn an einen Baum. Andreas setzt sich zwar kräftig zur Wehr, aber gegen eine derartige Übermacht kann er nichts ausrichten. Seine Eltern sagen ihm, dies sei nun mal „die harte Schule des Lebens", da müsse er sich durchbeißen.

Andreas wird von Mitschülern angegriffen.

Auch seine jüngere Schwester Gabi bleibt nicht verschont. Regelmäßig drängt sie eine Gruppe von Schülern in die Enge und verlangt von ihr, dass sie sage, ihr Bruder sei doof. Wenn sie dann voller Verzweiflung ruft „Mein Bruder doof?!“, jubeln sie lauthals: „Da hören wir es ja, sie sagt selber, dass er doof ist!“

Auf einem Elternabend reden die Eltern mit den Lehrern über die Sticheleien und Hänseleien gegenüber ihren Kindern. Es zeigt sich, dass die Lehrer uninteressiert sind und es übertrieben finden, „speziell auf das Wohl von Andreas und Gabi achten zu müssen“. Die Einwohner des Dorfes betrachten die Nichteinheimischen als Eindringlinge, die sie abweisen; auch die Lehrer bilden hier keine Ausnahme. Außerdem steht diese Schule intellektuellen Leistungen eher abweisend gegenüber. So werden Schreibfehler wie „Külschrank“ oder „Ehrgeiß“ nicht verbessert.

Auch die jüngere Schwester bleibt nicht verschont.

Begrenzte Anpassungsmöglichkeiten ▸ Es müsste deutlich geworden sein, dass von Andreas eine zu große Überbrückung verlangt wird. Die Anpassungsmöglichkeiten sind sowohl für Andreas wie für die Dorfumgebung sehr gering. Hinzu kommt noch, dass die Bereitschaft zur Anpassung nicht einmal ansatzweise bei der „Dorfbevölkerung“ vorhanden ist. Der Wunsch der Eltern, in dieser Dorfumgebung einen normalen Platz als normale Mitbürger einzunehmen, ist einfach nicht zu verwirklichen. Selbst wenn die Schule bereit gewesen wäre, dem Lernbedürfnis von Andreas entgegenzukommen, so wäre dennoch in sozialer Hinsicht eine wahrscheinlich unüberbrückbare Kluft bestehen geblieben.

Anna

Unterdrückte Wissbegierde ▸ Als zweijähriges Kind fiel Anna im Vorkindergarten durch ihren reichen Wortschatz auf. Im Kindergarten wollte sie unbedingt lesen lernen. Auf Anraten des Kindergartens hat die Mutter dieses spontane Streben des Kindes unterdrückt. Die Kindergärtnerin meinte nämlich, dass Anna nichts mehr zu tun habe, wenn sie in die Grundschule käme. Das war der Anfang der Unterdrückung ihrer spontanen und natürlichen Lern- und Wissbegierde in der Schule. Da sie immer schon ein fügsames Kind war, entstanden anfangs keine Probleme. Sie fügte sich dem Willen der Kindergärtnerin und dem wohl gemeinten Druck ihrer Mutter.

Nichts als Langeweile ▸ Im Laufe der Schuljahre jedoch nahm durch die ständige Unterdrückung ihrer Lernbegierde ihre Motivation so ab, dass sie die Lust an der Schule verlor und es nicht mehr wichtig fand, sich einzusetzen. Bei ihren Hausarbeiten braucht sie keine Hilfe und braucht sich auch nicht anzustrengen, weil alles spielend leicht geht. Die Grundschule versäumte es, ihr Lernstoffangebote zu machen, die sie herausforderten und die ihr Interesse weckten. Es gab nur lauter Langeweile, nichts als Langeweile!

Inzwischen hatte sie eine Manier entdeckt, um den Lernstoff für sich selber spannend zu machen: Wenn sie wusste, welche Themen im Unterricht behandelt werden sollten, beschäftigte sie sich zu Hause damit schon intensiv. Später, wenn der Lehrer dann das Thema in der Klasse behandelte, passte sie konzentriert auf, ob er auch keine Fehler mache. Regelmäßig verbesserte sie dann auch prompt den Lehrer. Das war ihre Manier, auch mal in der Klasse zu Wort zu kommen, da der Leh-

Anna lernt „voraus" und verbessert den Lehrer.

rer ihr sonst nie eine Gelegenheit dazu gab. Natürlich finden Lehrer ein solches Verhalten irritierend und halten es für eine aufdringliche Form der Besserwisserei. Tatsache ist jedoch, dass Anna dieses Verhalten im Laufe der Jahre entwickelte, weil sie völlig frustriert wurde; ihrer Neigung und Anlage war man nicht im geringsten entgegengekommen.

Ständige Lehrerwechsel ▸ Nicht nur in intellektueller Hinsicht bietet die Schule bitter wenig, sondern auch in sozialer Hinsicht: Wegen der Teilzeitanstellung einiger Lehrer und wegen regelmäßiger Krankheitsfälle hat Anna sieben verschiedene Lehrer. Aus entwicklungspsychologischer Sicht ist es wichtig, gerade in den ersten Grundschuljahren eine feste Lehrerperson zu haben, damit das Kind sich in gewisser Weise gefühlsmäßig binden kann und sich sicher fühlt. Bei ständigem Lehrerwechsel ist so etwas gar nicht möglich. Das junge Grundschulkind benötigt einen festen Halt für eine gesunde Sozial- und Gefühlsentwicklung.

Häufiger Lehrerwechsel belastet Grundschulkinder.

Annas jüngerer Bruder Oskar, der inzwischen auch die Grundschule besucht, ist anders. Er duldet nicht, dass sein Lernbedürfnis eingeengt wird und widersetzt sich derartigem Streben mit Vehemenz. So gibt es in der Schule eine bestimmte Stunde, in der jeder frei wählen kann, was er tun will. Für diese Stunde hat Oskar jedoch Leseverbot, da die Lehrerin befürchtet, er könne einen zu großen Vorsprung bekommen. Demonstrativ legt er dann seine Füße auf den Tisch und verlangt, dass er genau wie die anderen Kinder selbst wählen kann, was er tun will – warum die anderen wohl und er nicht?!

Folgen für die weitere Schullaufbahn ▸ Durch Oskars Verhalten kamen die Eltern dahinter, dass Anna wegen ihrer gefügigen Art all die Jahre in intellektueller Hinsicht „unterernährt“ geblieben war. Erst jetzt wird ihnen klar, dass die Schulzeit für sie bisher alles andere als angenehm war und dass sie in schulischer Hinsicht bedeutend mehr hätte schaffen können, wenn sie dazu Gelegenheit gehabt hätte. Außerdem begreifen sie nun, dass sie nicht gelernt hat sich anzustrengen, was auf jeden Fall auf der Oberschule verlangt wird. Motivation, der Wille, etwas zu erreichen, entsteht nicht von selbst: Motivation setzt voraus, dass man motiviert wird, aus eigenem Antrieb oder von außen dazu angeregt. Bei Anna besteht außerdem die Gefahr, dass das in der Schule erlernte Verhalten, das Lernangebot der Lehrer zu „kontrollieren", sich zu einem unsympathischen Persönlichkeitsmerkmal entwickelt.

Motivation entsteht nicht von selbst.

Im Falle von Anna war die Konfrontation nicht so einschneidend. Sie war in ihrer Umgebung kein Außenseiter, und außerdem zeigte sie große Bereitschaft, sich in sozialer Hinsicht anzupassen und gleichzeitig ihre Lernbedürfnisse herabzusetzen. Diese Bereitschaft wurde von ihr verlangt, denn die Schule vermied nachdrücklich geistige Förderung. So hatte diese Schule nicht nur in ihrem Falle nicht, sondern nie beim Übergang von der Grundschule zu weiterführenden Schulen angeraten, die Oberschule zu wählen. Dadurch dass Oskar, Annas jüngerer Bruder, sich nicht das Recht der Selbstentwicklung wegnehmen lassen wollte, entstanden Konflikte. Diese trugen zur allmählichen Einsicht der Eltern bei, dass sie bei ihrem Streben, sich sozial angepasst zu verhalten, übersehen hatten, dass auf dem Gebiet intellektueller Fähigkeiten andere „Gesetzmäßigkeiten" herrschen als auf dem Gebiet des sozialen Umgangs. So ist es nicht möglich (um ein extremes Beispiel zu verwenden), dass jemand mit einem ausgesprochen niedrigen Intelligenzniveau sich plotzlich in einer Gruppe von Wissenschaftlern auf ein sehr hohes Niveau „schwingt", um nicht auffallen zu wollen. Solchen Sprüngen sind von der Natur Grenzen gesetzt.

Alexander

Unsicherheiten der Eltern ▸ Als Alexander gut drei Jahre alt war, wurden die Eltern vorstellig, da sie wissen wollten, wie sie ihn am besten erziehen sollten. Außerdem wollten sie wissen, ob ihre Beobachtung stimme, dass Alexander sehr intelligent sei und einen Entwicklungsvorsprung habe. Sie waren sich nicht sicher, da er Einzelkind war und sie keinen Vergleichsmaßstab hatten.

Frühes Technikinteresse ▸ Alexander hatte bereits mit drei Jahren ausgesprochenes Interesse für technische Sachen. So kannte er nicht nur die Namen einer großen Anzahl von Werkzeugen, sondern wusste auch, wie man diese handhabte. So wusste er beispielsweise, wie man mit einem Messschieber und einer Wasserwaage umgehen musste. Als in seiner Straße eines Tages Reparaturarbeiten verrichtet wurden, wobei eine Baggermaschine gebraucht wurde, kletterte er unter Aufsicht seiner Mutter in den Führersitz und verließ diesen nicht eher, bis er alle Details erklärt bekommen hatte. Auch geparkte Motorräder zogen seine Aufmerksamkeit auf sich. Er wollte dann die Namen der Unterteile wissen, die er wiederholte, damit er sie besser behalten konnte. Klassische Musik interessierte ihn auch, wobei er für bestimmte Komponisten eine Vorliebe hatte.

Alexander liebt Werkzeuge und Fahrzeuge.

Testpsychologischer Befund ▸ Die Befunde der testpsychologischen Untersuchung bestätigten die Eindrücke der Eltern: Alexander erwies sich als intellektuell außergewöhnlich begabt und als sehr kreativ. Den Eltern konnten wir auf ihre Frage nach dem erwünschten erzieherischen Umgang mit Alexander antworten, dass sie es genau richtig machten. Von Anfang an gingen sie auf seine Lern- und Wissbegierde ein und erklärten die Dinge in einer für ihn verständlichen Sprache. Nicht immer einfach, z.B. auf eine Frage wie „Wie arbeitet Elektrizität?" eine gute Antwort zu geben. Hinzu kam, dass reichlich Material im Hause vorhanden war, womit Alexanders Wissbegier befriedigt werden konnte. Bei Werkzeugen und Geräten ergaben sich Probleme, da er sich nicht mit Spielzeug zufriedengab, er wollte wirkliches Werkzeug haben. Übrigens zeigte er schon mit eineinhalb Jahren ungewöhnliches technisches Interesse.

Die Eltern gehen auf die Lern- und Wissbegierde ihres Sohnes ein.

Musik und Sport Inzwischen ist Alexander dreizehn Jahre alt. Seine technischen Interessen haben sich verringert, seitdem er sich mehr für Musik zu interessieren begann. Seit seinem vierten Lebensjahr bekommt er Geigenunterricht; zunächst einmal, dann zweimal pro Woche. Und seit einiger Zeit bekommt er auch Klavierunterricht. Außerdem spielt er Hockey, ist Mitglied des Schachclubs seines Gymnasiums und hat einige gute Freunde, mit denen er sich in der Freizeit regelmäßig trifft.

Vorteilhaft war, dass Alexander eine Grundschule besuchte, in der mehrere Kinder mit besonderen Fähigkeiten waren, auch Kinder, die ein Instrument spielen konnten. Einige Schulfreunde musizierten mit Alexander von Zeit zu Zeit, damit sie „später in der Polizeikapelle mitspielen konnten".

Alexander wird in der Schule musikalisch gefördert.

Förderung durch die Eltern Aus der Tatsache, dass sich die Eltern fachlich beraten ließen, als Alexander erst drei Jahre alt war, geht hervor, dass sie seine Entwicklungsbedürfnisse ernst nahmen und ihn richtig fördern wollten. So hat dieser Junge bisher noch keine gravierenden Probleme wegen seiner Hochbegabung erlebt, weder in der Schule noch zu Hause. Natürlich ergeben sich in jeder Familie Unstimmigkeiten und erzieherische

Schwierigkeiten. Aber sie brauchen nicht zu Konflikten oder tief gehenden Zerwürfnissen zu führen, wenn die Bereitschaft und Einsicht da ist, gemeinsam nach Lösungen zu suchen.

Im Falle von Alexander war die Erziehung behutsam und vorsorglich. Tief greifende Konflikte konnten dadurch vermieden werden. Alexander kann der sein, der er ist! Natürlich ist es nicht so, dass Alexander ein pädagogisches Wunderkind ist, auch seine Eltern haben die alltäglichen erzieherischen Querelen. Dennoch können wir hier zusammenfassend sagen, dass bei Alexander bisher kein Missverhältnis aufgetreten ist zwischen dem, was er kann, und den Möglichkeiten, die ihm geboten werden. Anpassen ist hier eher Ineinanderpassen oder Zusammenpassen.

Alexander kann der sein, der er ist!

Besondere Begabungen sollten rechtzeitig gefördert werden.

Außerschulische Fördermöglichkeiten

Die Frage nach der angemessenen Förderung ihres hochbegabten Kindes löst bei Eltern oft Zweifel und Unsicherheiten aus. Innerhalb der Familie kommt es hier darauf an, die kindliche Neugierde zu wecken sowie auftretende Fragen ernst zu nehmen, Überlastung und unnötigen Leistungsdruck aber von den Kindern fernzuhalten. Spezielle Formen der Begabtenförderung ermöglichen darüber hinaus sogenannte „Samstags-Clubs“ und „Schüler-Akademien“.

7

Eingehen auf die Lernbegierde des Kindes zu Hause

Nicht selten zweifeln Eltern, ob sie der Lernbegierde ihres Kindes entgegenkommen sollen oder ob es besser ist, diese zu unterbinden. Derartige Fragen können zu Problemen anwachsen, mit denen Eltern wie Lehrer nicht fertig werden. Wann ist Förderung angemessen, wann geht sie zu weit? Soll man schon auf die Lern- und Wissbegierde eines Vorschulkindes eingehen oder soll man diese möglichst unterbinden? Auf diese Fragen gehen wir im Folgenden ein.

Die Entwicklungspsychologie hat erst in den letzten Jahrzehnten eine bessere Einsicht in die Erlebniswelt des Säuglings und jungen Kindes bekommen. Früher dachte man, dass der Säugling ein völlig passives Wesen sei, das noch nicht fähig sei, die dingliche und menschliche Umgebung wahrzunehmen. Tatsache ist jedoch, dass das Neugeborene bereits anfängt, seine Umgebung aktiv zu untersuchen. Hierzu muss es Gelegenheit haben, d.h., die Umgebung des Säuglings muss „interessant" sein, und Außenreize müssen nicht, wie man früher dachte, ferngehalten werden.

Säuglinge und Kleinkinder untersuchen ihre Umgebung bereits sehr aktiv.

Stimulierung und „Responsivität" ▸ In den ersten Lebensjahren wird die Basis gelegt für eine gute intellektuelle, soziale und Persönlichkeitsentwicklung. Diese Entwicklung wird stark von der direkten Umgebung mitgeprägt. Kinder, die in einer stimulierungsarmen Umgebung aufwachsen, haben oft mit vier oder fünf Jahren einen Entwicklungsrückstand gegenüber Gleichaltrigen, den sie nur mit großer Mühe einholen. Stimulierung wird als der Motor der Entwicklung betrachtet.

Oft wird Stimulierung verwechselt mit „Responsivität", dem Eingehen auf die Signale des Kindes; noch häufiger wird Stimulierung betrachtet als Überstimulierung. Wir verwenden hier Stimulierung und Förderung im gleichen Sinne. Zu viel oder zu wenig nennen wir Überstimulierung oder Überforderung bzw. Unterstimulierung oder Unterforderung.

Im Fachausdruck heißt das Eingehen auf die Bedürfnisse des Kindes „Responsivität". Es bedeutet, dass man auf Signale des Säuglings und auf Fragen des Kindes eingeht und sie ernst nimmt. Wenn beispielsweise ein Kleinstkind, das noch nicht sprechen kann, auf verschiedene Gegenstände weist und dabei die Mutter fragend anschaut, wird wahrscheinlich jede Mutter darauf eingehen und die Gegenstände benennen: Ball, Stuhl, Tisch, Puppe, Hund, Buch. So lernt das Kind die Namen der Dinge.

Responsivität bedeutet, auf Signale und Fragen des Kindes einzugehen.

„Überstimulierung"? Wenn ein dreijähriges Kind jedoch darum bittet, ihm Buchstaben des Alphabets und Zahlen zu benennen, dann sieht es schon ganz anders aus. Viele Eltern und Erzieher werden dann unsicher, weil ein solches Verhalten nicht zu einem dreijährigen Kind passt – das ist jedenfalls die allgemeine Auffassung. Viele „Fachleute" raten Eltern davon ab, hierauf einzugehen, und sie bestehen darauf, dass ein Eingehen auf den kindlichen Wunsch zu Überstimulierung führt. Abgesehen davon, dass auch hier wieder gesagt werden muss, dass kalendarisches Alter eine ungeeignete Richtschnur ist, muss festgestellt werden, dass ein derartiger „Rat" völlig aus der Luft gegriffen ist. Ein Erwachsener, der auf den Wunsch des Kindes, die Buchstaben des Alphabetes zu lernen, eingeht, ist im Grunde nur responsiv. Von Stimulierung oder gar Überstimulierung kann gar nicht die Rede sein.

Was ist richtige Förderung?

Beispiel

Ein Kind wie Cecilia, die in einem Armenviertel am Rande von Lima (Peru) wohnt, lebt in einer stimulierungsarmen Umgebung: Dieses Armenviertel liegt am Rande der Stadt inmitten einer kahlen Sandfläche; in der kargen Behausung der Familie ist auch nicht viel vorhanden. In materieller Hinsicht herrscht großer Mangel, in pädagogischer Hinsicht auch. Die Eltern sind dermaßen durch den Kampf um die bloße Existenz in Anspruch genommen, dass sie froh sind, wenn sie ihren drei Kindern genügend Nahrung geben können. Zum Fragenstellen gibt es für die Kinder wenig Anlass und wenig Gelegenheit, denn es gibt innerhalb und außerhalb ihrer Behausung kaum Dinge und Gegenstände, die ihre Neugierde wecken könnten. Außerdem sind die Eltern oft wegen der Arbeit abwesend, und wenn sie dann einmal zu Hause sind, sind sie zu müde, um auf Fragen einzugehen.

Ganz anders sieht es da bei Vinzenz aus. Als Einzelkind wächst er in einer europäischen Großstadt auf. Sein Vater ist Künstler, und seine Mutter ist Erdkundelehrerin an einem Gymnasium. Die Familie besitzt viele Sachbücher, viele Gemälde, und es gibt eine Fülle an Material zum Malen und Zeichnen. Außerdem besitzt die Familie ein Klavier und einige Streichinstrumente. Der Vater arbeitet zu Hause, die Mutter ist auch viel im Haus. Regelmäßig kommt Besuch, und dann gibt es interessante Gespräche, die Vinzenz' Aufmerksamkeit erregen. Auf Fragen bekommt Vinzenz ausführliche Antworten. Es handelt sich also um eine stimulierungsreiche Umgebung.

Neugierde wecken ▸ Es muss ein Unterschied gemacht werden zwischen einer stimulierungsreichen und einer stimulierungsarmen Umgebung, und zwar in materieller und pädagogischer Hinsicht. Im Falle von Cecilia gibt es in materieller Hinsicht nichts, und den Eltern fehlt die Zeit und wahrscheinlich auch die Fähigkeit, pädagogisch eine aktiv stimulierende Rolle zu spielen.

Genau das Gegenteil trifft auf Vinzenz zu: reichliche Anregung aus der Umgebung und fördernde Eltern.

Diese beiden ziemlich extremen, jedoch nicht erfundenen Beispiele zeigen, dass aktive pädagogische Förderung das Vorhandensein von Gegenständen und Dingen voraussetzt, die die Neugierde wecken. Das kann alles Mögliche sein, wie Bücher, Musikinstrumente, Bastelmaterial und -gerät, Spielzeug und auch so genanntes „wertloses" Material, aus dem die verschiedensten Dinge hergestellt werden können, z.B. leere Joghurtbecher, Stoffreste, Dosen.

Verschiedenartiges Material und Spielzeug reichen jedoch nicht aus. Kinder spielen zwar spontan und viel, aber sie brauchen von Zeit zu Zeit Anleitung, müssen auf neue Ideen gebracht werden, wollen etwas mit Erwachsenen gemeinsam tun, und wenn sie darum bitten, sollen sie Hilfe bekommen. Gemeinsame Unternehmungen können z.B. sein (abhängig vom Alter und Interesse des Kindes): Museumsbesuch, Besuch von Konzert, Theater oder Dichterlesung, Zoobesuch, Wanderung oder gar der Besuch eines Fußballspiels oder einer Leichtathletikveranstaltung.

Kinder wünschen sich auch gemeinsame Unternehmungen mit den Eltern.

Das richtige Maß finden ▸ Richtige Stimulierung und Förderung bedeutet, dass man die verfügbaren Mittel einsetzt, ohne dass dem Kinde etwas aufgeschwatzt und aufgedrängt wird, woran es kein Interesse hat. Auch ist es falsch, das Kind mit Informationen, Ideen und Aktivitäten zu überladen, so dass es kaum Gelegenheit hat, selber eine Wahl zu treffen oder keine Ruhe bekommt, ganz einfach auch mal nichts zu tun.

Was ist Überstimulierung und Überforderung?

Von Überforderung ist dann die Rede, wenn das Kind unter Druck gesetzt wird, um immer wieder bessere Leistungen zu erbringen, wenn das Angebot fördernden Materials zu groß und dadurch unübersichtlich und eigentlich fast chaotisch ist oder wenn das Kind nicht die Gelegenheit bekommt, selber zu bestimmen, was es tun möchte.

Fast immer können wir dann von Überstimulierung sprechen, wenn die Prunksucht der Eltern eine größere Rolle spielt als die Fähigkeiten und Neigungen des Kindes selber. Wenn beispielsweise Eltern ihrer Tochter im Kindergartenalter das Lesen beibringen wollen, damit sie in der Grundschule einen Vorsprung hat, während das Kind selber überhaupt nicht den Wunsch hat und kein Interesse für Buchstaben zeigt, wird das Kind überfordert. Falls jedoch ein Kind in diesem Alter nach der Bedeutung von Buchstaben fragt (es kann sich auch um ganz andere Kenntnisgebiete als das Lesen handeln), dann ist es richtig, hierauf einzugehen.

Nicht der Ehrgeiz der Eltern zählt, sondern die Interessen des Kindes.

Es gibt auch Eltern, bei denen nur Leistung zählt. So ist beispielsweise die Fahrradtour an einem Sonntagnachmittag für den siebenjährigen Fritz kein entspannendes Geschehen, sondern der Beweis einer besonderen Leistung. Der Vater betont dann auch am Ende: „Eine tolle Leistung, Fritz. Heute haben wir fast 15 km zurückgelegt!“ Eine passende Äußerung wäre: „Wie schön und erholsam war es doch, an diesem sonnigen Tag durch den Wald zu radeln!“

Tipp

So verhindern Eltern eine Überforderung ihres Kindes

- *Setzen Sie Ihr Kind nicht unter den Druck, immer wieder bessere Leistungen erbringen zu müssen.*
- *Vermeiden Sie eine mögliche Reizüberflutung, indem Sie Ihr Kind nicht mit einem Überangebot an „Fördermaterial" alleine lassen.*
- *Ermöglichen Sie Ihrem Kind, selber zu bestimmen, was es tun möchte. Drängen Sie ihm Ihre eigenen Wünsche und Bedürfnisse nicht auf.*
- *Achten Sie insgesamt auf eine gute Balance zwischen Anregung und selbständiger Beschäftigung des Kindes: Gestalten Sie die häusliche Umgebung interessant, stellen Sie Lernanlässe zur Verfügung und gehen Sie auf Fragen ein. Überlassen Sie aber Ihrem Kind stets die Entscheidung darüber, welche Dinge sein Interesse wecken und wie es den Umgang mit diesen Dingen gestaltet.*

Auch hochbegabte Kinder können manchmal überfordert sein.

Organisierte außerschulische Begabungsförderung

Samstags-Clubs ▸ Die bekannteste außerschulische Fördermaßnahme ist der *Samstags-Club*. In England gibt es derartige „Saturday-Clubs" in großer Anzahl. Diese zumeist von den Eltern organisierten Freizeitclubs sind in deutschsprachigen Ländern wenig verbreitet. Bekannt ist der „Leseclub für kleine Leseratten" in Berlin für spontane Frühleser im Vorschulalter. Auch versucht die „Deutsche Gesellschaft für das hochbegabte Kind e.V." entsprechende außerschulische Maßnahmen zu fördern.

Gegenseitiger Austausch wirkt sich positiv auf Verhalten und Wissen aus.

Diese organisierte Form des Zusammenbringens Entwicklungsgleicher wirkt sich auf die Teilnehmer günstig aus. Hochbegabte Kinder und Jugendliche erfahren so nämlich, dass sie nicht immer die besten sind, sondern dass andere genauso gut oder sogar noch besser sind. In diesen Gruppen kann es zu einem wirklichen Austausch von Wissen kommen, zu Anregungen und gegenseitigen Verbesserungen, und zwar im Hinblick auf das Verhalten und das Wissen.

Die organisierten Formen der Freizeitbeschäftigung können sich auf die verschiedensten Themengebiete beziehen: Schach, Sport, Archäologie, Heimatgeschichte, Naturschutz, Tierfreunde, Basteln, Radiotechnik usw. Falsch wäre es, ein begabtes Kind mit allen möglichen Beschäftigungen zu überschütten, nur damit es beschäftigt ist und sich nicht zu langweilen braucht.

Schüler-Akademien ▸ Seit 1988 gibt es als außerschulisches Angebot des Vereins „Bildung und Begabung e.V." (Bonn) für intellektuell besonders befähigte Jugendliche *Schüler-Akademien*.

Im Jahre 1993 haben etwa 340 Schüler und Schülerinnen an vier Schüler-Akademien teilgenommen. Im Jahre 2004 wurden an sieben verschiedenen Einrichtungen Schüler-Akademien durchgeführt, hinzu kam noch eine Multinationale Akademie. Und im Jahre 2010 gab es an elf verschiedenen Einrichtungen Schüler-Akademien. Der Verein Bildung und Begabung e.V. in Bonn ist verantwortlich für die Organisation und Durchführung der Akademien. Die Teilnehmer, die in Zusammenarbeit mit den Schulen ausgewählt werden, leben und arbeiten gut zwei Wochen an einem Ort zusammen. Während dieser Zeit werden sie durch Wissenschaftler, Lehrer und andere Experten in ein Themengebiet eingeführt und darin unterrichtet. Gleichzeitig werden sie zu eigenständigem Arbeiten angeleitet. Die Zusammenstellung der Themengebiete bezieht sich auf Naturwissenschaften, Fremdsprachen, Geistes-, Sozial- und Wirtschaftswissenschaften, Musik und Kunst. Das Programm wird in Form von sechs Kursen angeboten, wobei jeder Schüler an einem der Kurse teilnimmt. Um Einseitigkeit des akademisch anspruchsvollen Programms zu vermeiden, gibt es zusätzliche gemeinschaftliche kulturelle, musikalische, sportliche und soziale Aktivitäten (Deutsche Schüler-Akademie 2004).

Die Kinder leben und arbeiten etwa zwei Wochen zusammen.

Fördermaßnahmen in der Schule

Die Förderung hochbegabter Kinder kommt in der Schule zu kurz. Lerntempo und Schwierigkeit des Lernstoffs orientieren sich am Durchschnitt und bieten hochbegabten Schülern kaum die Chance, Entwicklungspotentiale auszuschöpfen. Demgegenüber stehen die Maßnahmen der „Beschleunigung" und „Anreicherung" für differenzierte Lernformen. Sie ermöglichen Hochbegabten den Umgang mit Entwicklungsgleichen und schaffen Zusatzangebote neben dem normalen Unterricht.

8

Anpassung an den Durchschnitt Schulen verwenden häufig als Anpassungsnorm den Durchschnitt, oft bleibt ihnen nichts anderes übrig bei dem bestehenden System. Unter Anpassungsnorm wird verstanden: Richtschnur für Umfang und Art des Lernstoffs sowie die Zeitspanne, in der das Lernstoffangebot verarbeitet werden muss, ist der Durchschnitt. Schwache Schüler können dieser Norm in der Regel nicht nachkommen. Diesen Schülern kommt das Schulsystem entgegen, indem das Kind Nachhilfe bekommt oder auf eine Sonderschule für Lernbehinderte wechselt. Schüler jedoch, die schneller lernen können und mehr Stoff verarbeiten können, als die Schulnorm vorschreibt, bekommen keine Hilfestellung. In der Grundschule gibt es einfach keinen Platz für derartige Kinder. Es ist nun mal so, dass in einer Klasse Gleichaltrige sind, die alle zum gleichen Zeitpunkt dieselbe Menge an Lernstoff angeboten bekommen. Das Kalenderdogma duldet nur Gleichbehandlung! Wer eine Erweiterung des Angebots möchte und wer in schnellerem Tempo den Lernstoff verarbeiten kann und möchte, hat letztlich keine andere Möglichkeit, als sich dem Durchschnitt anzupassen. Oft stimmen die Schüler einer Klasse nur darin überein, dass sie dasselbe Geburtsjahr haben. Das Kalenderalter ist jedoch, wie wir bereits öfter betonten, nicht identisch mit dem Entwicklungsalter, das auch in intellektuellen, sozialen und kreativen Fähigkeiten zum Ausdruck kommt. Innerhalb einer Klasse gibt es oft erhebliche Unterschiede im Hinblick auf diese Fähigkeiten. Das macht die Arbeit für den Lehrer nicht einfach. Bisher haben Lehrer keine Ausbildung oder Zusatzausbildung, wie man mit hochbegabten Kindern in der Klasse umgeht. Aus dieser Unkenntnis erwachsen viele vermeidbare Probleme.

Hochbegabte Schüler bekommen in der Schule meist keine Hilfestellung.

Für den Umgang mit Hochbegabten fehlt es den Lehrern an einer Zusatzausbildung.

Wenn wir akzeptieren, dass es hochbegabte Kinder gibt, dass sie auch in der Schule anwesend sind, dann kann nicht von diesen Kindern verlangt werden, dass sie sich der Durchschnittsnorm anpassen auf Kosten ihrer Entwicklungsmöglichkeiten. Unterdrückung oder Verdrängung geistiger Fähigkeiten kann nicht nur zum Motivationsverlust, zu Faulenzerei und Aufsässigkeit führen, sondern auch zu bleibenden Persönlichkeitsschäden. Schulen sind für die Kinder da. Daher muss alles getan werden, damit alle Schüler, hoch- oder niedrigbegabt, sich entsprechend ihren Anlagen und Fähigkeiten entwickeln können. Ein nach Schwierigkeit und Tempo differenziertes Lernstoffangebot sollte die Regel sein und nicht die Ausnahme.

Ansätze schulischer Förderung ▸ Bei der schulischen Stimulierung und Förderung von hochbegabten Schülern unterscheidet man generell zwei Hauptmöglichkeiten: **(1) Beschleunigung** und **(2) Anreicherung des normalen Unterrichts**.

Flexible Unterrichtsgestaltung und motivierte Lehrer sind die Voraussetzungen.

Die Fachausdrücke für die genannten Maßnahmen sind „Akzeleration" und „Enrichment". Die Verwirklichung der beiden Maßnahmen setzt eine flexible Unterrichtsgestaltung, Reichhaltigkeit an Lehrmitteln und vor allem ein motiviertes Lehrerkollegium voraus. Hierbei handelt es sich demnach nicht nur um schulorganisatorische Maßnahmen, sondern insbesondere auch um die Einsatzwilligkeit und -freude von Lehrern.

Beschleunigung (Akzeleration)

Unter Beschleunigung versteht man die frühzeitige Einschulung in die Grundschule, den frühzeitigen Übergang in weiterführende Schulen oder auf die Universität und das Überspringen einer oder mehrerer Klassen. Die Verwirklichung dieser Maßnahmen stößt oft auf großen Widerstand. Es wird nämlich angenommen, dass das begabte Kind zwar den Unterrichtsstoff eines höheren Jahrganges ohne weiteres meistern kann, dass es jedoch im Gefühlsleben und in sozialer Hinsicht noch nicht reif genug sei und daher besser in der Klasse der Gleichaltrigen bleiben solle. Das kalendarische Alter ist, wie bereits mehrfach betont, ein ungenauer Maßstab bei der Angabe von Entwicklungsniveaus. Im übrigen lehrt die Erfahrung, dass hochbegabte Kinder oft Freunde haben, die älter sind, manchmal um einige Jahre. Sie suchen Umgang mit Entwicklungsgleichen (in der Fachsprache heißt ein solcher Freund „Peer“) und nicht unbedingt mit Gleichaltrigen.

Hochbegabte Kinder suchen Umgang mit entwicklungsgleichen, älteren Schülern.

Positive Aspekte ▸ Bei der Frage der Beschleunigung wird der Akzent zu oft auf die nachteiligen Folgen gelegt, die beschleunigende Maßnahmen für den Schüler haben können. Zu wenig wird darauf geachtet, welche Nachteile durch das Verbleiben in der Jahrgangsklasse entstehen können, indem die intellektuellen Entwicklungsbedürfnisse des begabten Schülers bagatellisiert werden. In Wirklichkeit ist die traurige Konsequenz oft diese, dass sich ein solcher Schüler durch laufende Unterforderung und ständigen Frust zu einem Faulenzer oder zu einem Störenfried entwickelt, oder es kann eine allgemeine Schulmüdigkeit entstehen. In allen Fällen bedeutet das Nichteingehen auf die Entwicklungsbedürfnisse hochbegabter

Bei fehlender Beschleunigung drohen Unterforderung und Frust.

Schüler, dass Unrecht geschieht und dass sich hieraus negative Folgen für den betreffenden Schüler ergeben.

Wie gesagt, es handelt sich hier nicht nur um intellektuelle Fähigkeiten, sondern auch um soziale und emotionale Bedürfnisse. Auch das hochbegabte Kind braucht Austausch und Umgang mit Entwicklungsgleichen. Im Umgang mit Entwicklungsgleichen lernen Heranwachsende die lebenswichtigen Prinzipien von Geben und Nehmen, von Verstandenwerden und Wechselseitigkeit. Jeder Mensch, begabt oder nicht begabt, braucht für eine gesunde psychische Entwicklung den Umgang mit Entwicklungsgleichen.

Das Schulrecht als Hindernis ▸ Schulrechtliche Maßnahmen verbieten oft frühzeitige Einschulung oder das Überspringen einer Klasse. Im allgemeinen ist es im europäischen Schulsystem eher eine Ausnahme. Daher sollte das Schulrecht, wo nötig, angepasst werden und derartige Maßnahmen grundsätzlich ermöglichen. Ob dann im Einzelfall eine solche Maßnahme ergriffen wird, hängt zumindest davon ab, ob Lehrer, Fachleute und Eltern (oft auch der Betroffene selbst, wenn es um Jugendliche geht) sich darin einig sind, dass Beschleunigung angebracht ist. Der Schüler ist nämlich meistens der Benachteiligte, wenn Eltern z. B. eine solche Maßnahme gegen den Willen der Schule durchsetzen. Dann tritt nämlich meistens das ein, was „self-fulfilling prophecy“ (sich selbst erfüllende Prophezeiung) genannt wird: Die Schule wird bewusst oder unbewusst dafür sorgen, dass ihre ablehnende Haltung richtig war, die negative Vorhersage der Schule soll in Erfüllung gehen, der Schüler hat das Nachsehen.

Lehrer, Fachleute, Eltern und Schüler sollten stets eine gemeinsame Entscheidung treffen.

Differenzierte Lernangebote Beschleunigung bedeutet nicht immer das Überspringen einer Klasse. So kann ein begabter Schüler z.B. ein Schulbuch schneller durcharbeiten. Es geschieht, dass ein begabter Schüler ein Schulbuch, das Stoff für ein ganzes Schuljahr bietet, in einem halben Jahr oder noch schneller durchgearbeitet hat. Eine derartige Form der Beschleunigung ist für den betreffenden Schüler schädlich, wenn er die so gewonnene Zeit nicht auf andere Interessen in der Schule verwenden kann. Der bekannte amerikanische Begabungsforscher und -pädagoge Renzulli nennt eine solche Form der Beschleunigung „Lernstoffkomprimierung" („curriculum compacting"). Nach Renzulli *verdient* sich der Schüler durch die Komprimierung, durch die Verdichtung des Lernstoffes, Zeit, um während dieser verdienten Zeit andere Dinge zu tun. Schnelleres Lerntempo soll auch belohnt werden durch Anreicherung des normalen Unterrichtsstoffes.

Ein schnelles Lerntempo darf von der Schule nicht bestraft werden.

Eine begabungsgerechte Förderung ohne zeitliche Mehrbelastung sind die so genannten D-Zug-Klassen. Der gesamte Lehrstoff wird beschleunigt durchgearbeitet, z.B. das Lehrpensum von vier Jahren wird in erhöhtem Tempo innerhalb von drei Jahren durchgearbeitet. Diese Form der Beschleunigung hat u.a. den Vorteil, dass Entwicklungsgleiche während des ganzen oder eines Teiles der gesamten Schulzeit zusammen sind, was für eine harmonische sozial-emotionale und intellektuelle Entwicklung große Vorteile bietet. Erfahrungen mit dieser Beschleunigungsform wurden bisher nur in Gymnasien gemacht.

In D-Zug-Klassen wird der gesamte Lernstoff beschleunigt durchgearbeitet.

Anreicherung des normalen Unterrichts (Enrichment)

Anreicherung oder Enrichment kann auch als Erweiterung oder Vertiefung des Lehrstoffes umschrieben werden. Wichtig ist, dass der zusätzliche Lehrstoff anknüpft an Fähigkeiten und Bedürfnisse des betreffenden Schülers. Begabte Kinder können im allgemeinen in einem schnelleren Tempo mehr Lehrstoff durcharbeiten als ihre Mitschüler.

Formen der Anreicherung ▸ Enrichment kann auf verschiedene Arten verwirklicht werden und ist einfacher einzuführen in Schulen, in denen keine starre, statische Organisationsform vorherrscht. So kann man Interessensgebiete anbieten und fördern wie Musik, Fremdsprachen, fremde Kulturen und Völker, Raumfahrt, Kunst und Geschichte. Bei Geschichte besteht bei begabten Kindern offensichtlich weltweit ein besonderes Interesse an der Vorgeschichte der Menschheit. Bei der Wahl eines Themas oder Gebietes sollte die persönliche Anlage des Schülers den Ausschlag geben. Die genannten Themengebiete eignen sich auch für Gruppenprojekte, wobei Schüler einzeln oder mit anderen bestimmte Teilgebiete durcharbeiten, und zwar auf dem eigenen Niveau. Für diesen anreichernden Unterricht ist es natürlich unerlässlich, dass eine Bibliothek und ein Materialraum verfügbar sind. Natürlich sind derartige Ausstattungen für alle Schüler vorteilhaft.

Interessensgebiete wie Musik oder Geschichte können angeboten werden.

Enrichment in der Schule

Andere Möglichkeiten, den normalen Unterricht auszuweiten und zu vertiefen, sind z. B. diese:

- Extra-Wahlfächer wie Computersprache oder Mineralogie,
- Schülerakademien,
- Arbeitsgemeinschaften,
- Zusammenarbeit mit Museen, Musik- oder Theaterschulen,
- Ferienlager und
- Samstagsschulen, wo in Gruppen oder einzeln an bestimmten Themen gearbeitet werden kann oder wo herausfordernde Aufgaben mit Entwicklungsgleichen gelöst werden.

Ganz zu Unrecht werden die nachfolgenden Aktivitäten als begabungsfördernd betrachtet:

- das Sortieren von alten Zeitungen,
- Besorgungen für den Lehrer machen,
- die Rolle des Pförtners übernehmen,
- Mitschülern, für die das Lerntempo zu hoch liegt, Nachhilfe geben,
- Klassenarbeiten und Hausaufgaben von Mitschülern nachsehen und beurteilen lassen,
- Schränke aufräumen und Pflanzen versorgen,
- Wiederholen derselben Aufgabe (statt zehnmal das Einmaleins gleich fünfzigmal). Oft hassen begabte Kinder das Wiederholen geradezu. Sie beherrschen den Stoff, und warum soll man, was man weiß, immer aufs Neue wiederholen?

Kooperatives Lernen ▸ Seit geraumer Zeit steht in den Vereinigten Staaten das „kooperative Lernen" – der bessere Schüler hilft dem schwächeren – im Brennpunkt der Diskussion. Befürworter dieser „Förderform" sagen, dass hierdurch begabte Schüler sozial und intellektuell „besser" werden. Die Gegner führen an, dass es in vieler Hinsicht gut für den begabten Schüler ist, dass es aber weit nachteiliger ist, als gemeinhin angenommen wird. Der begabte Schüler suche das Schwierige, suche die Herausforderung. Wenn er durch fortwährende Nachhilfe keinen Gewinn erfahre, dann sei es eher schädlich. Eine derartige Förderform sei richtig in bestimmten Fällen, für bestimmte Gebiete und zu bestimmten Zeiten. Schließlich solle es beiden, dem stärkeren und dem schwächeren Schüler, zugute kommen.

Folgen des „Durchschnittssystems" Das bestehende Schulsystem in fast allen Ländern Europas ist ungerecht gegenüber den Begabten und auch gegenüber den Minderbegabten. Denn im Jahrgangsklassensystem sollen sich alle Schüler zur selben Zeit, im selben Tempo dieselbe Menge an Lehrstoff aneignen. Als Richtschnur gilt hier der Durchschnitt. Wer zu weit nach unten oder oben abweicht, wird auf jeden Fall frustriert, denn der eine erlebt sich selber als Versager, und der andere muss sich fortwährend zurückhalten und verliert den Kontakt zur Realität. In beiden Fällen kann dieses Durchschnittssystem zu einem negativen Selbstbild und einer abnehmenden Schulmotivation führen. Dies soll im Kapitel über hochbegabte Leistungsversager näher dargelegt werden.

Eine Bestandsaufnahme (Mönks / Pflüger 2005) zeigt, dass schulische Begabtenförderung in 21 befragten europäischen Ländern unterschiedlich verwirklicht wird. In manchen Ländern wie in Deutschland und Ungarn ist man schon weit fortgeschritten, während man in Ländern wie Italien und Griechenland gerade einen Anfang macht.

In Europa ist die schulische Begabtenförderung unterschiedlich stark fortgeschritten.

Begabt und sensitiv

Besondere Begabung geht in den meisten Fällen mit einem hohen Empfindungsvermögen einher. Schon kleine Details in der Umgebung rufen Reaktionen hervor und führen mitunter zu einem permanenten Nachdenken über die zahlreichen Eindrücke. Bleibt diese Hochsensitivität unerkannt, kann die schulische Leistung leiden und das Selbstbild der Kinder und Jugendlichen negativ beeinflusst werden.

9

Hochbegabte Kinder und Jugendliche nehmen oft viel mehr Eindrücke wahr als andere Menschen. Kleine Details in der Umgebung verlangen gleichzeitig Aufmerksamkeit, häufig ist man sich dessen nicht bewusst. Daher haben viele hochbegabte Menschen regelmäßig das Bedürfnis, mal ganz allein zu sein, sie suchen eine ruhige Umgebung. Manche scheinen träge zu reagieren oder zurückhaltender als andere in ihrer Umgebung zu sein. Sie brauchen Zeit, um alle aufgenommenen Informationen zu ordnen. Außerdem sind sie weniger schnell der Auffassung, schon alles genau zu wissen, weil sie jede Frage von allen Seiten betrachten. Oft kommt es vor, dass solche empfindsamen und sehr intelligenten Personen fälschlicherweise für verlegen oder gehemmt gehalten werden.

Hochbegabte können oft verlegen oder gehemmt wirken.

„Hohes Empfindungsvermögen“ Die amerikanische Psychologin Elaine Aron hat diese Seite des "intelligenten Verhaltens" näher beleuchtet und unter dem Begriff **„Sensory-Processing-Sensitivity“** erforscht. Bekannter ist der Ausdruck: **„Highly Sensitive Person“ (HSP)**, den sie ebenfalls geprägt hat. Im Deutschen sprechen wir von „Personen mit hohem Empfindungsvermögen“. Sobald etwas einen Namen bekommt, klingt es fast wie eine Krankheit. Das ist auch hier der Fall. Hohes Empfindungsvermögen ist jedoch weit eher eine Gabe als eine Last. Menschen mit hohem Empfindungsvermögen kommen häufiger vor, als man gemeinhin denkt. Nicht jede Person mit hohem Empfindungsvermögen ist schweigsam, langsam oder in sich gekehrt. Hohe Sensitivität kann sich auch entgegengesetzt äußern: viel und schnell reden, außergewöhnlich akiv sein und schnell reagieren. An sich sind weder Schnelligkeit noch Langsamkeit **Merkmale** von Hochbegabung oder Hochsensitivität, vielmehr kennzeichnen sie ein Verhalten, das damit einhergehen kann.

Schon früher als Elaine Aron beschrieb der polnische Psychiater, Psychologe und Philosoph Kazimierz Dabrowski (1902–1980) dieses Verhaltensmerkmal: Minimale Reize rufen Verhaltensreaktionen hervor (siehe Mönks / Rogalla 2010). Nach Dabrowski ist hohes Empfindungsvermögen ein für Hochbegabte charakteristisches Persönlichkeitsmerkmal und bildet die Grundlage ihrer großen Entwicklungsmöglichkeiten. Hochsensitive Menschen werden oft als „anders" und nicht selten als „neurotisch" oder gar „gestört" angesehen. Sowohl Dabrowski als auch Aron betonen mit Nachdruck, dass das Verhalten dieser Menschen den Persönlichkeitsmerkmalen Hochbegabung und Hochsensitivität entspringt.

Eine starke Sensitivität bildet die Grundlage großer Entwicklungsmöglichkeiten.

Der Kern von Dabrowskis Theorie der Persönlichkeitsentwicklung ist positive Desintegration. Sie ist eine notwendige Voraussetzung für die individuelle Entwicklung, für das Erreichen einer reiferen, einer höheren Entwicklungsstufe. Kennzeichnend für das Verhalten von hochbegabten Menschen ist ein hohes Empfindungsvermögen, eine auffallende Sensitivität. Im Folgenden verwenden wir beide Begriffe synonym.

Konflikte und Ängste sind Teil der individuellen Entwicklung.

Kazimierz Dabrowski und seine Theorie der „positiven Desintegration“

Kazimierz Dabrowski war während der beiden Weltkriege (1914–1918 und 1939–1945) Augenzeuge von äußerster Selbstaufopferung inmitten von unvorstellbarer Unmenschlichkeit und wunderte sich, wie beides in derselben Welt nebeneinander existieren konnte. Er selbst bot einerseits während des Zweiten Weltkriegs Juden, die vor den Nazis flohen, Schutz an, andererseits wurde er seinerseits inhaftiert, gefoltert und an seiner Berufsausübung gehindert. Diese persönlichen Erfahrungen mit Leid, Tod, Ungerechtigkeit und sein Streben, die menschliche Existenz zu verstehen, lösten sein Forschungsinteresse aus und bildeten die Grundlage für seine Theorieentwicklung.

Schon als Jugendlicher war er entsetzt über die Grausamkeit, Doppelzüngigkeit, Oberflächlichkeit und mangelnde Reflexion, die er in seiner Umgebung beobachten konnte. Er hielt Ausschau nach Menschen, die von unumstößlichen Werten durchdrungen waren und diese auch lebten. Er fand sie in Biographien bekannter Persönlichkeiten.

Dabrowskis Privatpraxis zog vor allem kreative Jugendliche und Erwachsene an. Dadurch war er in der Lage, Fallstudien über Künstler, Schauspieler sowie intellektuell begabte Kinder und Jugendliche durchzuführen. Klienten, die nach etwas Höherem, nach einem Ideal strebten, zeigten einen emotionalen Reichtum, den Dabrowski auch in den Biographien bedeutender Persönlichkeiten gefunden hatte. Sie waren nicht zufrieden mit dem Ist-Zustand, sondern ihr Bestreben galt vor allem der eigenen Persönlichkeitsentwicklung. Dabei erlebten sie heftige innere Konflikte, Selbstkritik, Ängste und Gefühle der Unzulänglichkeit im Hinblick auf ihr ideales Ich. Von medizinischer Seite wurde dies als psychoneurotische Störung gesehen und es wurde versucht, diese unerwünschten Symptome zu bekämpfen. Dabrowski hingegen betrachtete dieselben Symptome als unabdingbar für das Streben nach einer höheren Entwicklungsstufe der eigenen Persönlichkeit. Immer wieder versuchte er, seine medizinischen Kollegen davon zu überzeugen, dass innere Konflikte nichts mit einer Persönlichkeitsstörung zu tun haben, sondern Anzeichen innerer Entwicklung sind. Dies führte ihn zur Theorie der „positiven Desintegration“.

Fünf Arten hoher Sensitivität

Dabrowski beschreibt fünf Formen der hohen Sensitivität. Hoch sensitive Personen zeigen meist etwas von allen Formen, jedoch mit unterschiedlicher Akzentuierung.

1. **Psychomotorisches Empfindungsvermögen:** Jemand, der psychomotorisch sensitiv ist, verfügt über viel Energie, ist körperlich sehr aktiv, redet schnell, macht manchmal einen aufgeregten Eindruck. So ein Mensch wird beispielsweise nicht nur einmal pro Woche Tischtennis spielen, sondern gleich viermal. Hierin werden sich einige sehr begabte Menschen wiederfinden. Andere Menschen in ihrem Umfeld machen sich Sorgen und ermahnen sie, ruhiger zu werden, weniger zu reden, weniger Tischtennis zu spielen oder die Wochenenden fortan wirklich für Entspannung und Erholung zu gebrauchen. Die Begeisterung, die diese Menschen ausstrahlen, wird allzu oft von anderen für naiv und maßlos gehalten: „Du findest alles interessant", „Fängst du jetzt schon wieder mit etwas Neuem an!"

Diese sprudelnde Lebhaftigkeit vermittelt ein ganz anderes Bild eines hoch sensitiven Menschen als Elaine Aron es beschreibt, indem sie von zurückgezogenen, ruhigen Menschen spricht. Aron und Dabrowski beschreiben zwei entgegengesetzte Verhaltensformen, die beide als Folge hohen Empfindungsvermögens auftreten können.

2. **Sensorisches Empfindungsvermögen:** Für jemanden, der sensorisch sehr sensitiv ist, sind Sinneseindrücke sehr wichtig. Sehen, riechen, anfassen, fühlen, sich an schönen Dingen erfreuen, am Klang von Gesprochenem, an Musik, an Farben und Formen – das alles hat besonderen Einfluss darauf, wie man sich fühlt.

Mit allen Sinnen genießen: Besonders das sensorische Empfindungsvermögen kann bei hochbegabten Kindern stark ausgeprägt sein.

3. Intellektuelles Empfindungsvermögen: Hiermit ist geistige Aktivität gemeint. Intellektuelle hohe Sensitivität ist nicht gleichzusetzen mit Intelligenz und bezieht sich auch nicht auf schulische Erfolge. Intellektuelle Sensitivität bezieht sich auf intensives und tiefes Nachdenken, auf Wissbegierde und Neugier, auf hohe Konzentrationsfähigkeit, auf Freude an intellektueller Beschäftigung. „Ich denke die ganze Zeit, ich kann nicht aufhören zu denken" ist eine oft geäußerte Klage. Außerdem geht sie oft mit einer scharfen Beobachtungsgabe (hiermit ist nicht

„Ich kann nicht aufhören zu denken!"

schnelles Urteilen gemeint) und einem extrem guten visuellen Gedächtnis einher.

4. Imaginatives Empfindungsvermögen: Es bezieht sich auf die Phantasie, wie man sie oft bei Künstlern findet. Bilder und Metaphern werden oft verwandt, lebhaftes und phantasiereiches Darstellen, sowie Tagträumen bei Langeweile, manchmal werden Realität und Phantasie verwechselt.

5. Emotionales Empfindungsvermögen: Emotional sensitive Menschen haben eine komplexe Gefühlswelt. Sie können sowohl extrem negative wie positive Gefühle erleben. Sie identifizieren sich schnell mit den Gefühlen anderer, sind sehr empathisch und haben ein starkes und verfeinertes Empfinden. Ihr soziales Verhalten wird geprägt durch eine enge Bindung zu Personen, Tieren oder Orten. Oft auch sind Schüchternheit, intensive Gefühlserinnerungen, das Nachdenken über den Tod, Depression, Einsamkeit und eine betont verantwortungsbewusste Einstellung kennzeichnend für ihr Verhalten.

Gefühle können sehr extrem erlebt werden.

In der nachfolgenden Falldarstellung (Rose 2010) soll die Sensitivität nach Dabrowski veranschaulicht werden.

Ingrid

Ingrid ist jetzt 16 Jahre alt. Sie hat eine ausgeprägte soziale Einstellung. Sie ist politisch aktiv und macht sich Sorgen wegen der benachteiligten Menschengruppen auf dieser Welt. Während der Sommerferien arbeitete sie als Freiwillige in Nigeria an einem Entwicklungsprojekt mit. In der Stadt, in der sie wohnt, gibt es ein Jugendparlament. Sie ist Mitglied dieses Parlaments und fällt durch ihr großes politisches und soziales Engagement auf. Außerdem ist sie sportlich sehr aktiv. Reiten und Rudern sind ihre Lieblingssportarten und hier erzielt sie hervorragende Leistungen.

Ingrid zeigt großes politisches und soziales Engagement.

Mobbing und Langeweile in der Schule ▸ Man könnte sagen: ein tolles, sportliches Mädchen, das eine ausgezeichnete soziale Einstellung hat. Was kann da schon schiefgehen? In der Schule aber wird sie fortwährend gehänselt und sie fühlt sich gar nicht wohl. Freunde hat sie nicht. Der Unterrichtsstoff ist nicht spannend für sie, sie langweilt sich. „Ich weiß die Antwort schon bevor die Lehrerin etwas fragt, und ich weiß auch, was sie fragen will“ sagt sie. Schulisch sieht es nicht gut für Ingrid aus. In allen Fächern hat sie schlechte Noten. Der Durchschnitt liegt bei 4–5. Ihr Selbstbild ist negativ.

Wo findet man bei Ingrid die Beschreibungen Dabrowskis wieder?

- **Psychomotorische Sensitivität:** Sie spricht schnell, ist impulsiv und motorisch sehr unruhig. Sie braucht körperliche Anstrengung. Daher betreibt sie mit Hingabe Sport und erzielt dabei hervorragende Ergebnisse. Sie macht oft einen unruhigen, ziemlich aufgeregten Eindruck.
- **Sensorische Sensitivität:** Sie sagt selber, dass Sinnesempfindungen und vor allem der Tastsinn die Grundlage ihrer Erfolge beim Reiten und Rudern sind.
- **Intellektuelle Sensitivität:** Ingrid denkt und diskutiert viel und gerne. Bei ihren Hobbys und beim Denken fühlt sie sich rundum wohl.
- **Imaginative Sensitivität:** Ingrid hat viel Phantasie und nicht selten verwechselt sie Phantasie und Wirklichkeit.
- **Emotionale Sensitivität:** Dies kommt bei Ingrid zum Ausdruck in ihrem Gerechtigkeitsgefühl und ihrer Empathie: sie versucht, sich in die Gefühlswelt anderer zu versetzen. Im Hinblick auf ihr Pferd fragt sie sich, ob es gut für das Pferd ist, Spitzensport zu betreiben.

Vielseitige Hochbegabung Vor einigen Jahren bereits wurde Ingrid getestet und es wurde festgestellt, dass Ingrid ein vielseitig hochbegabtes Mädchen ist. Weder Schule noch Eltern wussten, was sie mit dieser Diagnose anfangen sollten. Die Lehrerschaft konnte sich beim besten Willen nicht vorstellen, wie es möglich ist, dass eine derart hochbegabte Schülerin schulisch versagt. Ihre Lehrer lehnten es ab, speziellen, für Ingrid interessanteren Lehrstoff anzubieten, so dass sie ihre wahren Fähigkeiten hätte zeigen können.

In der Schule fehlt es an Motivation.

Beim Reiten fühlt Ingrid sich wohl, herausgefordert und motiviert, ganz anders als in der Schule. Daher erzielt sie beim Reiten hervorragende Ergebnisse.

Hilfe durch einen Lernbegleiter ▸ Die Schule machte sie traurig und die Leistungen besserten sich nicht. Daher wurde ein Lernbegleiter hinzugezogen. Dieser führte einmal in der Woche mit Ingrid Gespräche. Der sich ständig wiederholende Kreislauf – Ohnmachtsgefühl, als Folge schlechter Leistungen, die wieder Frustration und Ohnmacht erzeugen – musste durchbrochen werden. Ingrid sollte lernen, den Blick nach vorne zu richten, klare und realistische Zukunftspläne zu machen und dabei ein positives Selbstbild zu entwickeln. Auch andere Menschen, die sie bislang als „Problemkind" wahrgenommen hatten, sollten sie in einem positiveren Licht sehen. Gemeinsam mit dem Lernbegleiter legte Ingrid Ziele für das nächste Schuljahr fest. In der Schule will sie bessere Resultate erreichen, um zu zeigen, was sie wirklich kann und wer sie wirklich ist. Es gelingt! Ihr Notendurchschnitt verbessert sich im Laufe des Schuljahres von 4 bis 5 auf 2 bis 1. Bis zu diesem entscheidenden Durchbruch hatte sie nie erfahren können, was wirklich in ihr steckte. Nun aber entwickelte sie sich zu einer selbstbewussten, lerneifrigen Schülerin. Durch einen bleibenden guten Notenschnitt bekommt sie die Möglichkeit, an außerschulischen Aktivitäten teilzunehmen (u.a. Olympiaden, Wettkämpfen, Parteiversammlungen), denn bei guten Noten gewährt ihre Schule extra Freizeit.

Ingrid zeigt, was sie kann und wer sie wirklich ist.

Ingrid ist ein Beispiel eines hochsensitiven und hochbegabten Mädchens. Wie kann es durch diese Merkmale zu Schwierigkeiten im schulischen und sozialen Bereich kommen, wie ist damit umzugehen und wie können Probleme gelöst werden?

Mögliche Probleme aufgrund von Hochsensitivität

1. Dass ein Kind schlechte Schulnoten hat, bedeutet nicht automatisch, dass das Kind nicht über hohe kognitive Fähigkeiten verfügt. Es ist zunächst ein Hinweis darauf, dass eine Reibung besteht zwischen dem, was in der Umgebung anwesend ist und geschieht, und wie das Kind dieses verarbeitet. Ist der Grund dafür, dass das Kind hochsensitiv ist und dementsprechend im Unterricht aufgefangen werden muss, oder liegen andere Gründe vor?
2. Gerät ein hochsensitives Kind immer in Probleme? Nein. Im Gegenteil. Es ist eine Gabe, wenn man so detailliert und umfassend wahrnehmen kann. Mit zunehmendem Alter trägt dies auch dazu bei, Zusammenhänge zu erkennen, die anderen entgehen. Es kann ein sehr nützliches Persönlichkeitsmerkmal für beispielsweise Führungskräfte, Forscher, Journalisten und Unternehmer sein. Hohe Sensitivität (mit der dazugehörigen Hochbegabung) schafft zu Hause meist keine Probleme. Zu Hause kann ein Kind einen ruhigen Ort aufsuchen, wenn es das will. Zu Hause findet das lernbegierige Kind meistens Antworten auf seine Fragen, gibt es Gegenstände, mit denen man alles Mögliche ausprobieren kann: Fußball, Computer, Schraubenzieher oder Gitarre. In der Klasse jedoch sind Gegenstände und Materialien auf den Unterrichtsstoff des Schuljahres ausgerichtet, d.h. auf eine bestimmte Altersgruppe, eine Durchschnittsgruppe zugeschnitten.
3. Probleme entstehen, wenn ein Kind sich anpassen muss an die geltenden Regeln, wenn es nicht seinem eigenen Lerntempo, seiner Kreativität, seiner Wissbegierde folgen darf. Gebremst zu werden ist wohl für jeden frustrierend, aber für begabte und schnell lernende Kinder ist es ein Horror.

Wir sollten nicht vergessen, dass es für diese Kinder nicht nur um ein einmaliges Geschehen geht, sondern dass sie tagein, tagaus an einem Ort sein müssen, wo sie Dinge tun und lernen sollen, die sie meist schon können.

Probleme wären zu vermeiden, wenn Kinder schon im Kindergarten richtig erkannt und anerkannt würden. Jedes Kind würde hiervon profitieren, das langsame und wenig aktive wie das schnelle und wissbegierige. Es erfordert nicht in allen Fällen eine testdiagnostische Einstufung. Oft reicht es schon, Kindern auch anspruchsvollere Aufgaben zuzutrauen und zu sehen, wie sie dann aufleben.

An Ingrids Beispiel zu lernen kann für viele Kinder, die Probleme in und mit der Schule haben, eine Hilfe sein. Eine Verschiebung hin zu positiver und stärkender Zukunftsorientierung anstelle von negativer Selbsterfahrung bringt Kinder in ihrem Selbstbild und in ihrer Selbsteinschätzung weiter.

Hochbegabung und Hochsensitivität

Fassen wir nocheinmal zusammen:

- Hohe Sensitivität zeigt in den meisten Fällen einen Zusammenhang mit Hochbegabung, Dabrowski sieht sie gar als eine Bedingung.
- Manchmal kommt Hochsensitivität in extra langsamem und zurückgezogenem Verhalten zum Ausdruck, manchmal in sehr schnellem, unruhigem und zappeligem Verhalten.
- Hohe Sensitivität braucht nicht zu problematischem Verhalten führen, wenn man sie zeitig erkennt und entsprechend reagiert.
- Hochsensitive Kinder absorbieren sehr viel Information, so viel, dass die Schulleistungen darunter leiden können. Minderleistung kann dann leicht die Folge sein. So kommt es zu "minderleistenden hochsensitiven hochbegabten Kindern" (MHHK). Ein solches Kind sollte, genau wie jedes andere Kind, die Gelegenheit bekommen, sein volles Potential auszuschöpfen und sich zu verwirklichen. So ist hohe Sensitivität keine Bedrohung, sondern ein Brunnen reicher Entfaltungsmöglichkeiten.

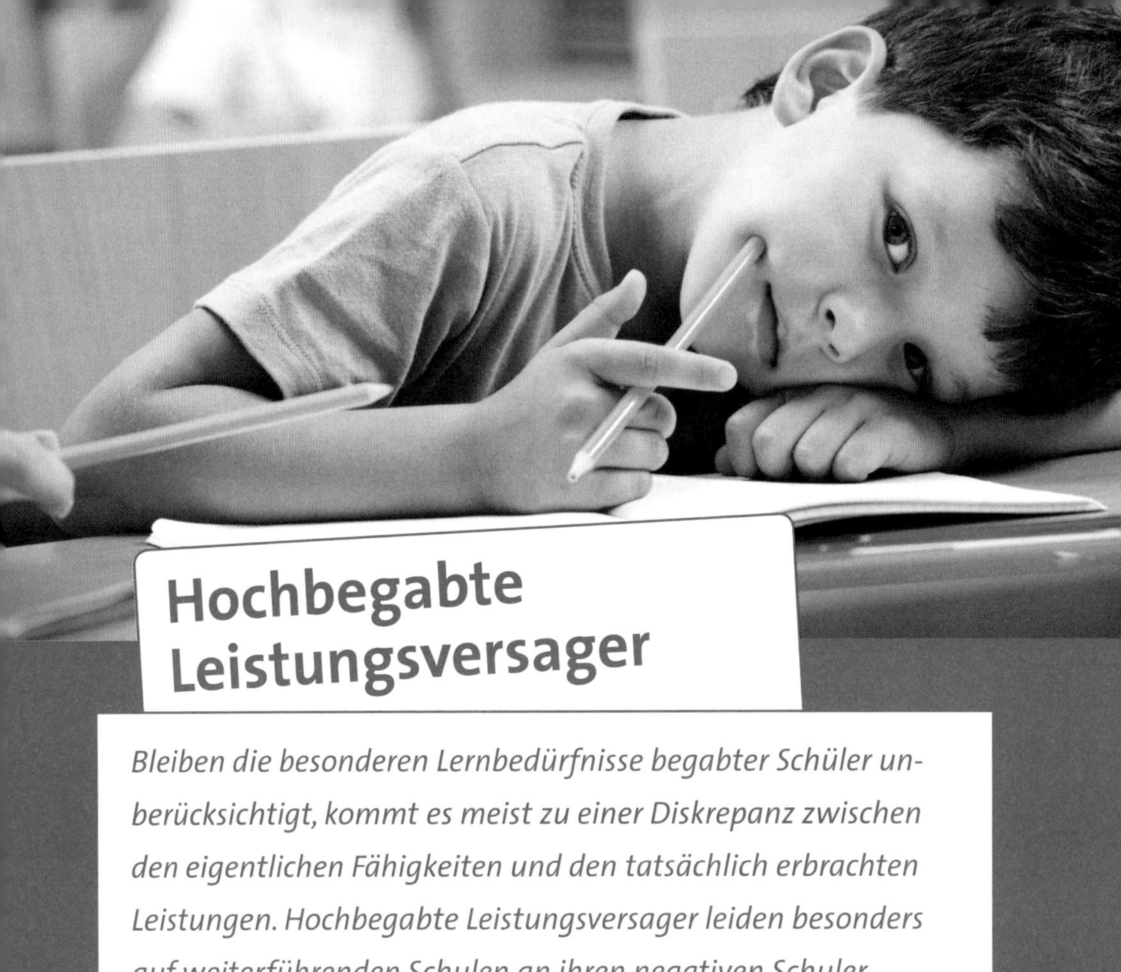

Hochbegabte Leistungsversager

Bleiben die besonderen Lernbedürfnisse begabter Schüler unberücksichtigt, kommt es meist zu einer Diskrepanz zwischen den eigentlichen Fähigkeiten und den tatsächlich erbrachten Leistungen. Hochbegabte Leistungsversager leiden besonders auf weiterführenden Schulen an ihren negativen Schulerfahrungen. Geringe Motivation und das Gefühl, die eigenen Fähigkeiten nicht kontrollieren zu können, machen die Schule schlimmstenfalls zu einer unüberwindlichen Hürde.

10

Am Beispiel von Leistungsversagern wird deutlich, wie wichtig es ist, den Lernbedürfnissen begabter Schüler entgegenzukommen. Leistungsversager sind Schüler, deren Schulleistungen oft weit unter dem Niveau liegen, das aufgrund ihrer Intelligenz und Kreativität erwartet werden kann. Es besteht eine Diskrepanz zwischen den Fähigkeiten und den erbrachten Leistungen. Viele Forschungsdaten machen immer wieder deutlich, dass es sich hier um eine beträchtlich große Gruppe handelt, eine Gruppe, die nicht versagt wegen geringer Fähigkeiten, sondern aufgrund nichtintellektueller Faktoren.

Leistungsversager bleiben unter ihren Möglichkeiten.

Was sagt die Forschung? ▸ Bei einem Vergleich von sehr begabten Schülern, die Leistungen erbrachten, die ihren Fähigkeiten entsprachen, mit sehr begabten Leistungsversagern ergibt sich aufgrund einschlägiger Forschungsergebnisse dieses Bild: Hochbegabte Leistungsversager haben eine äußere Kontrollüberzeugung, nämlich die Überzeugung, dass das eigene Verhalten vor allem von außen her bestimmt wird (im Gegensatz zur inneren Kontrollüberzeugung, wobei die Person sich selber als die das Verhalten kontrollierende Instanz sieht).

Hochbegabte Leistungsversager fühlen sich fremdbestimmt.

Darüber hinaus zeigen Leistungsversager weitere auffallende Verhaltensmerkmale.

Verhaltensmerkmale hochbegabter Leistungsversager

- schwache Konzentration,
- negatives schulisches Selbstkonzept,
- geringes Lerntempo im Vergleich zu Mitschülern,
- große Mühe beim Studium von schriftlichem Lernstoff,
- negatives Urteil über Lehrer und Schule,
- geringe Schulmotivation,
- Unzufriedenheit über die eigenen Studiergewohnheiten und die erreichten Resultate,
- zu viele außerschulische Aktivitäten auf Kosten der Hausarbeiten,
- Mitschüler hegen zu hohe Erwartungen in bezug auf Leistungsfähigkeit,
- Lehrer behaupten immer wieder, dass die Leistungen unter den wirklichen Möglichkeiten liegen,
- die Eltern sind unzufrieden wegen der geringen schulischen Leistungen,
- Prüfungsangst,
- geringes soziales Selbstvertrauen,
- die betreffenden Schüler fühlen sich von den Klassenkameraden nicht akzeptiert.

Folgen für die Schullaufbahn ▸ Ein ganzer Katalog von wenig ermutigenden Verhaltensmerkmalen. Leistungsversager werden oft erst dann auffällig, wenn sie in einer weiterführenden Schule sind. Oft ist es dann nicht mehr so einfach, eine Korrektur der Einstellung und des Verhaltens und vor allem der Motivation herbeizuführen. Gerade der hochbegabte Schüler ist hier anfällig, da er oft jahrelang in der Grundschule nichts zu tun brauchte, d.h. sich nie hat anstrengen müssen, keine Lernmotivation hat aufbauen können. Auf dem Gymnasium werden Motivation und Anstrengungsbereitschaft vorausgesetzt. Daher ist frühes Erkennen von Hochbegabung wichtig, um bereits in der Grundschule die Lernbereitschaft des begabten Schülers zu wecken und zu fördern, indem anspruchsvoller

Besonders auf dem Gymnasium werden Einstellung und Motivation zum Problem.

und herausfordernder Lehrstoff angeboten wird. Vor allem bei Kindern aus bildungsabstinenten Umgebungen ist stimulierende schulische Umgebung ein notwendiges Ingredienz für die volle Entwicklung kindlicher Fähigkeiten.

Hochbegabung und Selbstkonzept ▸ Der Zusammenhang zwischen Selbstkonzept und Hochbegabung wurde in den letzten Jahren eingehend erforscht. Unter Selbstkonzept wird ganz allgemein verstanden: Wie sieht und beurteilt eine Person sich selber und wie denkt sie, dass andere sie sehen und beurteilen? Es handelt sich um die Einschätzung der eigenen intellektuellen, sozialen und körperlichen Fähigkeiten und Wirkungsmöglichkeiten. Diese Selbsteinschätzung wird erlangt durch die Erfahrungen in der direkten Lebenswelt, durch das Verhalten von wichtigen Bezugspersonen (anerkennend, stimulierend?) und schließlich durch das Ausmaß der Selbstbeurteilung eigenen Verhaltens und Handelns. Das Selbst ist gleichsam der Gegenstand verschiedenartiger Beurteilungs- und Anerkennungsprozesse.

Forschungsergebnisse bei hochbegabten Schülern machen immer wieder eines deutlich: Ein positives Selbstkonzept ist die treibende und bestimmende Kraft bei der Verwirklichung von Hochbegabung. Hochbegabte Jugendliche, verglichen mit durchschnittlich begabten Jugendlichen, so zeigt die internationale Forschung übereinstimmend, haben im allgemeinen ein positiveres Selbstkonzept. Außerdem zeigt sich, dass hochbegabte Leistungsversager im Hinblick auf schulische Angelegenheiten ein negatives, oft sogar sehr negatives Selbstkonzept haben.

Ein positives Selbstkonzept ist die treibende Kraft bei der Verwirklichung von Hochbegabung.

Vergleichen wir die Situation von hochbegabten Schülern, unterteilt nach leistungsstark und -schwach, mit einem Hürdenlauf, dann ergibt sich dieses Bild: Das Selbstkonzept des begabten Leistungsversagers ist im Hinblick auf die Schule derart negativ beladen, dass alles, was mit der Schule zu tun hat, als eine fast unüberwindliche Hürde erfahren wird. Das bedeutet, dass das Unterrichtsprogramm, die Lehrer, die Klassenkameraden, das Leistungsklima, ja eigentlich die gesamte Schule eine negative Beurteilung bekommen. Die Leistungsmotivation ist niedrig, während die Prüfungsangst sehr hoch ist und eine „innere Kontrollüberzeugung" über die eigenen Fähigkeiten nicht existiert.

Für Leistungsversager erscheint die Schule als unüberwindliche Hürde.

Der hochbegabte leistungsstarke Schüler hat all diese Probleme nicht: Der Hürdenlauf – um bei diesem Bilde zu bleiben – enthält für ihn (seiner Selbsteinschätzung nach) kein unüberwindliches Hindernis. Er nimmt vom Start bis zum Ende eine Hürde nach der anderen, getragen von einem positiven Selbstkonzept. Auch für ihn wird es Einbrüche und Härten geben, aber insgesamt baut er eben durch positive Erfahrungen beträchtliche Reserven auf, die er in schweren Zeiten gut verwenden kann.

Differenzierte Unterrichtsangebote

Wie notwendig spezielle Förderprogramme für eine gesunde Entwicklung hochbegabter Kinder und Jugendlicher sind, zeigt sich am besten mit Blick auf konkrete Praxisfälle. Dabei wird deutlich, dass es vor allem auf zweierlei ankommt: Maßnahmen sollten stets in enger Zusammenarbeit zwischen allen Beteiligten getroffen und in regelmäßigen Abständen überprüft werden.

11

Differenzierung des Lehrstoffangebots, d.h. eine von den Fähigkeiten des einzelnen Kindes ausgehende Schulpädagogik, ist der Kern der Begabungsförderung schlechthin. *Akzeleration* und *Enrichment* haben in einer solchen Vorgehensweise ebenso einen Platz wie Verlangsamung, Wiederholung und Nachhilfe für den schwächeren Schüler. So kann jedem Kind zu seinem Recht verholfen werden. Wie Differenzierung in der Schulpraxis verwirklicht werden kann, soll an den folgenden Praxisfällen dargestellt werden. Es handelt sich hierbei um die beiden Grundschulkinder Jutta und Thomas.

Die Differenzierung des Lehrstoffangebots ist der Kern der Begabtenförderung.

Jutta ist hochbegabt

Juttas Eltern kommen im April 1999 in unsere Beratungspraxis, um sich beraten zu lassen, wie sie Jutta am besten erziehen können. Jutta ist zu dem Zeitpunkt fast fünf Jahre alt. Nach Aussagen der Eltern hatte ihre Tochter eigentlich schon immer einen Entwicklungsvorsprung, verglichen mit anderen Kindern: Sie bekam Zähne mit vier Monaten, sprach ausgezeichnet im Alter von eineinhalb Jahren, lernte spontan lesen, bevor sie drei Jahre alt war, zeigte im selben Alter großes Interesse für Pflanzen und konnte eine große Anzahl schon exakt benennen.

Große geistige Fähigkeiten ▸ Zum Zeitpunkt der ersten Beratung war Jutta im Kindergarten. Die Eltern meinten, dass ihr Kind eigentlich über geistige Fähigkeiten verfüge, die in der zweiten Grundschulklasse vorausgesetzt werden. Bereits in diesem jungen Alter waren ihre Sachkenntnisse außergewöhnlich groß, sie kannte das Einmaleins, las Bücher und populärwissenschaftliche Zeitschriften – und dies alles tat sie völlig von sich aus. Die Eltern förderten sie nicht, aber sie legten ihr auch nichts in den Weg. Trotz dieser ungewöhnlichen geistigen Fähigkeiten sahen sie Jutta in gefühlsmäßiger Hinsicht deutlich als kleines Vorschulkind.

Negatives Selbstbild ▸ Jutta ist sich ihrer außergewöhnlichen Begabung sehr wohl bewusst. Sie schämt sich dafür und möchte ihr Talent am liebsten verborgen halten. Dadurch ist sie selbstunsicher und benimmt sich in Gruppen ziemlich hilflos. Mit vier Jahren äußert sie Todeswünsche, da das Leben nach ihrer Auffassung doch keinen Sinn habe. (Ein derartiges Gefühl tritt häufig bei jungen, sehr begabten Kindern auf.) Für Juttas Eltern war dies ein deutliches Signal, Hilfe von Fachleuten in Anspruch zu nehmen.

Jutta schämt sich für ihr Talent.

Emotionale Sensitivität ▸ Jutta ist im Umgang ein angenehmes und liebes Kind, sie ist sehr empfänglich für Gefühlsstimmungen anderer, knüpft aber nicht so leicht Kontakte mit Gleichaltrigen. Am liebsten spielt sie mit älteren Kindern und hat dabei keine besondere Vorliebe für „kluge" Kinder, sondern mehr für ruhige und bedachtsame Typen.

Beschleunigung als Lösung? ▸ Die Eltern fragen sich, ob es gut ist, wenn ihr Töchterchen weiterhin im Kindergarten bleibt, weil es dort zu wenig intellektuelle Anreize bekommt. Was das Lernvermögen betrifft, könnte Jutta eigentlich schon die zweite Grundschulklasse besuchen. Dabei entsteht natürlich wieder das Problem, dass sie dann unter Kindern ist, die wahrscheinlich in ihrem sozialen Verhalten und in ihrer Gefühlsentwicklung weiter sind. Es stellt sich die Frage, ob ein schnelleres Durchlaufen der Schule eine Lösung ist und, falls diese Frage bejaht wird, wie man das verwirklichen kann.

Jutta hätte ohne weiteres aufgrund ihrer intellektuellen Fähigkeiten in der Tat mit vier Jahren den Stoff der zweiten Klasse beherrschen können. In der Beratungspraxis wurde jedoch angeraten, sie in die erste Klasse einzuschulen, weil dies – so war zu erwarten – für die Sozial- und Gefühlsentwicklung besser sei.

Juttas geistige und emotionale Entwicklung sind nicht auf derselben Stufe.

Einschulung in die 2. Klasse ▸ Es kam anders. Nach einem gründlichen Gespräch zwischen Schulleitung, Eltern und dem künftigen Lehrer wurde sie direkt in die zweite Klasse eingeschult. Die Überlegung dabei war, dass Jutta in der ersten Klasse zu wenig herausgefordert würde, was eine ungünstige Auswirkung auf ihre Sozial- und Gefühlsentwicklung mit sich bringen könnte.

Zunächst war der Lehrer skeptisch, auch wenn er diese Entscheidung mitgetroffen hatte. „Ich bin nie begeistert, wenn wieder so ein Kind kommt", sagt er, „ich dachte, mein Gott, was steht mir nun wieder bevor! Na ja, sie ist hochbegabt, und die Eltern wissen auch nicht, was sie machen sollen, und wir werden es halt probieren." Der Lehrer sah bangen Herzens den Schwierigkeiten entgegen, die er erwartete.

Probleme beim Schreiben ▸ Tatsache war, dass Jutta nicht mit dem Schulleben vertraut war und dass sie noch das Schreiben lernen musste, während ihre Feinmotorik noch nicht genügend entwickelt war. „Weil sie die erste Klasse ganz übersprang, hatte sie beispielsweise Schwierigkeiten dabei, ein Buch richtig in die Hände zu nehmen", erzählt er. „Dann gab es eine Periode, dass wir beide entsetzlich nervös von allem wurden, und ich dachte, sie wird das psychisch nie schaffen. In der ersten Zeit fiel mir wohl auf, dass sie intelligenzmäßig den Lehrstoff ohne weiteres

Jutta gehört bereits zu den Besten der Klasse.

schaffte. Sie lernte außergewöhnlich schnell und gehört nun schon zu den Besten der Klasse. Meiner Ansicht nach besitzt dieses Mädchen eine ungewöhnlich hohe Intelligenz. – Anfangs hatte Jutta, wie ich schon sagte, die größten Schwierigkeiten mit dem Schreiben. In äußerster Verzweiflung habe ich dann die Mutter gebeten, mit ihrer Tochter Schreibübungen zu machen und dafür ein Buch der ersten Klasse zu gebrauchen." Es zeigte sich, dass Jutta innerhalb von drei Monaten den Schreibrückstand einholte, wonach der Lehrer bemerkt: „Sie schreibt jetzt prima. Über die schnelle Verbesserung war ich sehr erstaunt. Ich dachte nämlich: Dieses Mädchen wird ihr ganzes Leben lang eine unlesbare Handschrift behalten."

Besondere Sprachbegabung ▸ Dem Lehrer war aufgefallen, dass Jutta eine ausgesprochene Sprachbegabung besitzt, die sich u.a. in Klassengesprächen und in kleinen Artikeln äußert, die sie für die Schulzeitung schreibt. Wir (die Autoren dieses Buches) fragen im Gespräch mit dem Lehrer, ob in der Klasse Sprache und Sprachtalent im allgemeinen und speziell auch im Falle von Jutta gefördert werden. Antwort: „Jetzt, da Jutta die Sache motorisch beherrscht, ist sie beim Diktieren und beim Abschreiben perfekt." Aufsätze, so zeigt sich, werden nicht gemacht. Jutta findet den Sprachunterricht das Allerlangweiligste, was es in der Schule gibt. Etwas verlegen und mit unterdrücktem Ärger sagt sie: „Dann brauchen wir nur von der Tafel abzuschreiben. Von der Tafel abschreiben!! Und das wird dann Sprachunterricht genannt!" Sie würde gerne Aufsätze schreiben. Zu Hause schreibt sie manchmal mit dem Computer ihrer Mutter Gedichte, z. B. dieses:

Im Sprachunterricht fühlt sich Jutta unterfordert.

Juttas Gedicht

die Bäume haben einen Gipfel
und der Wind bewegt den Zipfel

die Wiesen sind naß
und das macht den Fröschen Spaß

Fehlende Zusatzangebote Der Lehrer ist der Meinung, dass Jutta schneller vorankönne und dass sie auch mehr Lehrstoff verarbeiten könne. Dennoch findet er die Frage, was als Enrichment des normalen Stoffes getan werden könne, „sehr theoretisch". „Ich finde es schon jammerschade, dass ein Kind die erste Klasse überspringt. Sie hat all die schönen Spielchen und so, die normalerweise in der ersten Klasse geschehen, nicht mitmachen können. Ich finde, dass ein Kind da etwas Herrliches versäumt." Ob er das an ihr festgestellt habe, wollen wir wissen. „Das finde ich einfach so, obschon ich mir auch vorstellen kann, dass sie sich zu Tode gelangweilt hätte in der ersten Klasse." Der Lehrer sagt auch noch, dass er bisher nie darüber nachgedacht habe, was er Jutta als zusätzlichen oder gar herausfordernden Lernstoff hätte geben sollen, und schließlich reiche es aus, wenn in der dritten Klasse im Rahmen des Projektunterrichtes auf persönliche Interessen eingegangen werde. „Ich richte mich nach der großen Gruppe der Durchschnittlichen, daher gebe ich auch vor allem Frontalunterricht", fügt er noch erklärend hinzu. „Und außerdem", so sagt er, als er merkt, dass diese Erklärung uns nicht zufriedenstellt, „hatte ich nie das Bedürfnis, mehr über den Umgang mit hochbegabten Kindern zu wissen. Hätte ich zu einem gegebenen Zeitpunkt gedacht, das geht nicht mehr, dann hätte ich ganz gewiss irgendwo Hilfe gesucht und auch gefunden."

Enrichment ist in der zweiten Klasse kein Thema

Sozial-emotionale Entwicklung ▸ Wir reden mit dem Lehrer und Jutta über die Erfahrungen im sozial-emotionalen Bereich. Von Anfang an war es eine Riesenfrage, ob sie sich sozial-emotional in der Gruppe älterer Mitschüler behaupten würde. Sie war nicht nur jünger, sondern auch noch ausgesprochen klein gewachsen. Der Lehrer berichtet: „Auf dem Schulhof war sie anfangs ängstlich und mischte sich nicht unter die anderen Kinder. Ganz allmählich wurde ihr Sozialverhalten besser. Sie ist nicht der Typ, der mit jedermann auf dem Schulhof herumtobt, aber sie hat jetzt doch einige Freundinnen, mit denen sie spielt. Sie bevorzugt ruhige Kinder."

Jutta spielt lieber mit ruhigen Kindern.

Jutta sagt, dass sie zu Hause, in der Nachbarschaft, kaum Freundinnen habe. Die meisten Spielfreunde hat sie in der Schule, obgleich es noch immer wieder passiert, dass sie sich auf dem Schulhof in der Pause nicht wohl fühlt: „Manchmal wünsche ich mir, wieder im Kindergarten zu sein, da waren alle so alt wie ich. Manchmal dauert es lange, bis ich mein Butterbrot gegessen und meine Milch getrunken habe. Dann spielen die anderen schon alle, und sie sagen dann: ‚Nein, jetzt kannst du nicht mehr mittun!'" Ob sie dann böse sei? „Nein, nicht böse, sondern ein wenig traurig; dann setze ich mich irgendwo am Rande des Schulhofes auf einen Stein."

Trotz dieses zeitweisen Heimwehs nach dem Kindergarten bedeutet die Schule für Jutta alles. Als sie gebeten wird, eine Zeichnung zu machen, zeichnet sie ihre Schule und zeigt an, in welchem Klassenzimmer und an welchem Fenster sie sitzt. Ihre früheste Erinnerung an den Kindergarten ist ein „sehr schönes Spiel, wenn man nämlich gewonnen hatte, durfte man zur großen Schule". Auch will sie später Lehrerin werden. Lehrerin zu sein

Für Jutta bedeutet die Schule alles.

stellt sie sich schön vor, denn, so sagt sie: „Wenn ich Stewardess bin, kann ein Flugzeugunglück geschehen, und wenn ich Bäcker werde, dann werde ich zu dick, und Feuerwehrfrau ist zu aufregend – also wähle ich den Lehrerberuf."

Versetzung in die dritte Klasse Noch im selben Jahr (1999) wird Jutta nach den Sommerferien in die dritte Klasse versetzt. Inzwischen war sie fünf Jahre alt. Der neue Lehrer erkannte schon bald, dass sie sich langweilte, obwohl sie bereits mehr als eine Klasse übersprungen hatte. Er findet, dass ihr mehr geboten werden muss, als es der normale Unterrichtsplan ermöglicht.

Daher wurde ein Gespräch geplant, bei dem er selber, der Schulleiter, die Eltern und der Fachberater (F.J. Mönks) anwesend waren. Es bestand volle Übereinstimmung, dass es notwendig sei, ein Förderprogramm anzubieten. Da die Schule eine zusätzliche Hilfslehrkraft hatte, die schwachen Schülern Nachhilfeunterricht gab, wurde beschlossen, das Aufgabengebiet dieser Hilfslehrkraft zu erweitern. Im Falle Juttas sollte diese Lehrkraft zusätzlichen Lehrstoff zusammenstellen, der Juttas Lernniveau und -tempo entsprach. Auch wurde erwogen, Jutta schon am Englischunterricht teilnehmen zu lassen, der in den oberen Klassen gegeben wird, und darüber hinaus Teilnahme am Computerunterricht und am Schachclub anzubieten. Auf all diesen Gebieten hatte sie schon früh großes Interesse gezeigt. Als weitere Maßnahme wurde Projektarbeit ins Auge gefasst. Jutta sollte bei Projektarbeit weitergehende Aufträge bekommen als die Mitschüler. Vorteil der letzten Maßnahme ist, dass sie dann auf ihrem eigenen Niveau und im eigenen Tempo arbeiten kann; als Mitglied der Gruppe trägt sie wie alle anderen an der Projektrealisierung bei, ohne dass sie „auffällt" als jemand, der einen speziellen Auftrag hat. Das Beratungsge-

Jutta soll von einem Förderprogramm profitieren.

spräch wurde mit dem Vorhaben abgeschlossen, nach einem halben Jahr zu prüfen, ob die begabungsfördernden Maßnahmen den Erwartungen entsprechen und ob sie angepasst werden müssen.

Persönlichkeitsmerkmale Wenn wir nun zusammenfassend auf unser Mehrfaktorenmodell zurückgreifen (siehe Seite 25 ff), so können wir feststellen, dass Jutta die Persönlichkeitsmerkmale Kreativität, Motivation und intellektuelle Fähigkeiten in hohem Maße besitzt. Was die Umgebungskomponenten betrifft, so kann gesagt werden, dass Eltern und Schule ihre besondere Begabung nicht nur erkennen, sondern auch begabungsfördernde Maßnahmen beschließen und realisieren. Das Überspringen der ersten Klasse kann als richtige Maßnahme betrachtet werden.

Das Zusammenspiel zwischen inneren und äußeren Faktoren gelingt.

Das richtige Fördermaß Es stellt sich jedoch die Frage, ob dieses Überspringen eine ausreichende begabungsfördernde Maßnahme ist. Begabungsförderung im Falle von Jutta – bei anderen begabten Schülern liegt es ähnlich – setzt individuelle Behandlung voraus. Werden Lehrer in ihrer Ausbildung auf eine derartige Aufgabe vorbereitet? Wir haben gesehen, dass der Lehrer der zweiten Klasse bereit war, Jutta zu helfen, dass er aber unsicher wurde, wenn er von seinem normalen, frontal orientierten Unterrichtsprogramm abweichen musste, um Jutta die notwendige Förderung geben zu können. Wenn man beispielsweise auf die Sprachbegabung eines Kindes eingehen will, bedeutet das, dass man weitergeht, als es der normale Unterrichtsplan „vorschreibt“. Das setzt Kreativität und Einsatzbereitschaft beim Lehrer voraus.

Das Förderprogramm, das schließlich in der dritten Klasse in gemeinsamer Arbeit von Lehrer, Schulleiter, Eltern und Fachmann erstellt wurde, macht deutlich, dass begabungsfördernde Maßnahmen im normalen Unterrichtsgeschehen verwirklicht werden können, wenn Mehrarbeit und Abweichen vom Normalgeschehen nicht gescheut werden.

Im Falle von Thomas, den wir nun ausführlich besprechen werden, haben wir ein anderes Beispiel, wie notwendig Förderprogramme für eine gesunde Entwicklung hochbegabter Schüler sind.

Das Klassenzimmer ist ein wichtiges Spielfeld für die Förderung hochbegabter Kinder.

Thomas ist hochbegabt

Die Eltern des zehnjährigen Thomas kommen zum „Zentrum für Begabungsforschung", das der Radboud Universität Nijmegen (Niederlande) angeschlossen ist, um sich beraten zu lassen, wie sie ihren Sohn am besten erziehen können.

Große Lernbegierde, schwieriger Umgang ▸ Zu Hause und in der Schule verlangt Thomas viel Aufmerksamkeit, und er ist zuweilen im Umgang recht schwierig. Bereits als Kleinkind verhielt er sich auffallend aufgeschlossen und lernbegierig: Er hatte großes Interesse an seiner Umgebung, wollte alles genau erkunden und hatte daher kaum Zeit und Ruhe zum Schmusen. In seiner Sprachentwicklung war er sehr schnell; mit sechs Jahren hatte er den Wortschatz eines Zwölfjährigen. Die Eltern wussten nicht, wie sie seiner außergewöhnlichen Lern- und Wissbegierde entgegenkommen sollten. Da er im Kindergarten als schwieriges und „dummes" Kind beurteilt wurde, empfahl der Schulberatungsdienst den Besuch eines für erziehungsschwierige Kinder bestimmten Kindergartens. Dort könne er fachkundig erzogen werden.

Diagnose „schwer erziehbar" ▸ Auch in diesem Spezialkindergarten trat keine Verbesserung ein: Er wurde eher aufsässiger und unkontrollierbarer. Da man annahm, er sei ein MCD-Kind (Minimale Cerebrale Dysfunktionen = leichte Hirnfunktionsstörungen), wurde schließlich ein Internat für Schwersterziehbare empfohlen. Die Eltern, die aus eigener Erfahrung wussten, wie schwierig er war, konnten sich anfangs nicht mit dem Gedanken versöhnen, dass ihr Sohn in ein Heim für Schwersterziehbare eingewiesen werden sollte. Es schien jedoch keine andere Wahl zu geben.

Schon bald zeigte sich, dass es zwischen Thomas und den anderen Heimkindern einen riesengroßen Abstand in intellektueller Hinsicht gab und dass das Personal, teils hochqualifiziert, nicht wusste, wie man diesem Jungen beikommen sollte. Bereits nach einem halben Jahr konnte die Mutter die Heimleitung davon überzeugen, dass Thomas im Grunde nicht schwersterziehbar sei, sondern dass ihn keiner richtig verstehe. Ihrem Einsatz war es zu verdanken, dass ihr Sohn in eine kleine Grundschule in ihrem Heimatort kam; er kam in die vierte Klasse. Dieser Wechsel war ein goldrichtiger Schritt. Die Lehrer dieser Schule schafften es, Thomas in erzieherischer und unterrichtlicher Hinsicht richtig zu begleiten.

Thomas ist den anderen Heimkindern intellektuell überlegen.

Die Entwicklung in der vierten Klasse ▸ Die Lehrer dieser Schule erkannten schon bald, dass Thomas ein überaus begabtes Kind war, das absolut nicht auf eine Schule für Lernbehinderte gehörte. Er gehörte auf eine Schule mit hohem Anspruchsniveau und einem schnellen Lerntempo. In sozialer Hinsicht hatte Thomas große Schwierigkeiten: fortwährend Streitereien und keine Freunde. Auch versuchte er, die Aufmerksamkeit der Lehrer immer wieder auf sich zu ziehen. Ganz allmählich veränderte sich sein Verhalten. Zunächst spielte er mit den Erstklässlern und übernahm dann gerne vor allem die väterliche und beschützende Rolle. Dadurch kam er regelmäßig mit den älteren Schülern in Konflikt. Nach einiger Zeit schloss er sich mehr den Gleichaltrigen an und fing an, mit ihnen zu spielen. Nach einigen Monaten hatte er einen festen Spielkameraden, mit dem er auch außerhalb der Schule viel Umgang hatte. Die Lehrer sahen hierin eine Phase, die zu wirklichen Freundschaftsbeziehungen führen konnte.

Thomas lernt schnell, hat aber Probleme im sozialen Bereich.

Hilfe durch die Beratungsstelle ▸ Da die Schule gerne genau wissen wollte, welche intellektuellen Fähigkeiten Thomas besitze und wie er am besten gefördert werden könne, kamen die Eltern mit ihrem zehnjährigen Sohn in unsere Beratungspraxis. Er war nun schon gut zwei Jahre auf der Schule in seinem Heimatort. Nachdem die Lehrer seine außergewöhnliche intellektuelle Begabung erkannt hatten, bekam er den Lehrstoff in schnellerem Tempo angeboten. Das wirkte sich günstig aus. Es hatte sich nämlich gezeigt, dass er den Stoff seiner Jahrgangsklasse sehr schnell durcharbeitete, sich danach aber langweilte und sich störend verhielt. Da die Schule bisher auf eigenem Kompass gefahren war, wollte man nun gerne fachkundige Richtlinien für die intellektuelle und soziale Erziehung des Jungen.

Die Schule entwirft individuelle Lernangebote.

Die Schule bekam folgenden Rat: Lehrstoff anzubieten, der abwechslungsreich, tief gehend und herausfordernd ist. Die Motivation sollte verstärkt werden, indem der Lehrer zusammen mit Thomas die zu bearbeitenden Themen festlegte. In sozialer Hinsicht bestand ein großes Problem, da Thomas mit seinem Wissen prahlte und dadurch die Mitschüler von sich abstieß. Hier wurde der Rat gegeben, diesen Vorsprung an Wissen positiv einzusetzen, indem er schwächeren Mitschülern behilflich sein sollte (kooperatives Lernen). Dadurch, so wurde erwartet, würden sich nach beiden Seiten hin positive Gefühle entwickeln.

Die Frage der Eltern, ob es günstig sei, Thomas eine Klasse überspringen zu lassen, wurde mit Nein beantwortet. Er käme dann nämlich sehr jung auf das Gymnasium (in den Niederlanden nach acht Grundschuljahren – vom vierten bis zum zwölften Lebensjahr), was intellektuell gewiss keine Schwierigkeiten verur-

Das Überspringen einer Klasse wird abgelehnt.

sachen würde, aber seine sozial-emotionale Entwicklung sollte sich noch ruhig entfalten in der jetzigen Schule.

Beschleunigung und Anreicherung Nach Aussagen des Schulleiters bietet die Schule genügend Möglichkeiten zur Verwirklichung von Enrichment und Beschleunigung: „In unserem Unterricht gehen wir von einer bestimmten Menge Grundstoff aus. Für schwache Schüler ist der Stoff einfach gehalten, während er für den begabten Schüler zum selben Thema oder Gebiet anspruchsvoller und schwieriger ist. In unserem System arbeiten die Schüler individuell, was ein beträchtliches Maß an Selbständigkeit voraussetzt. Das kostet sehr viel Zeit. Gott sei Dank sind unsere Klassen nicht so groß, im Höchstfall 25 Schüler pro Klasse. Das Unterrichtsmaterial, das wir verwenden, ist so angelegt, dass es schnell zu verarbeiten ist. Sonst hätten wir viel zu wenig Zeit."

Fünfte Klasse Als Thomas in der fünften Klasse war, arbeitete er mit seinen Klassenkameraden, aber beschäftigte sich im Rechnen und in der Sprache mit Büchern der nächsten Klasse. Ein derart durchlässiges System ist vorteilhaft für schnelle, aber auch für schwache Schüler.

Inzwischen hatte der Schulleiter auch Kontakte angeknüpft mit dem Gymnasium, auf das Thomas gerne gehen wollte. „Ich habe einen Stapel Bücher bekommen, die sie dort im ersten Jahr gebrauchen, um eine Art Übergang herzustellen zwischen dem, was er bei uns auf der Schule macht, und was dort verlangt wird."

Thomas' Lernbegierde war vor allem im Hinblick auf Sprache sehr groß. Es war oft schwierig für den Lehrer, hierbei die richtige Begleitung zu geben: „Manchmal arbeitet er an einem Tag zehn oder zwanzig Seiten des Sprachlehrbuches durch. Er schafft es ohne große Mühe, ein Sprachbuch in einem Monat durchzuarbeiten, das normalerweise in sechs Monaten durchgearbeitet werden soll. Der Drang, sich verstärkt anzustrengen, ist dann am größten, wenn er ein Lehrbuch der fünften Klasse (er ist jetzt in der vierten Klasse) fast durchgearbeitet hat, so dass er ein Lehrbuch der sechsten Klasse bekommt. Aber er ist sehr genau, sehr perfektionistisch. Bei Rechenaufgaben, die unter Zeitdruck gelöst werden müssen, bleiben seine Leistungen unter seinem Niveau – selbst unter dem Niveau seiner gleichaltrigen Klassenkameraden –, und zwar aus Angst, dass er etwas falsch macht. Er erbringt die besten Leistungen, wenn er das Tempo selber bestimmen kann. Außerdem ist seine Leistungsmotivation am stärksten, wenn die Aufgabe anspruchsvoll ist und auf seinem Interessengebiet liegt."

Die Lernbegierde ist vor allem im Hinblick auf Sprache sehr groß.

Großes Wissen hatte er auf dem Gebiet der Raumfahrt und der Vorgeschichte. Wenn er hierüber einen Vortrag hielt, dann hingen die Mitschüler an seinen Lippen.

Bei Vorträgen über Raumfahrt hängen die Mitschüler an seinen Lippen.

Phantasiegeschichten ▶ Zuweilen missbrauchte er sein umfangreiches Wissen auf bestimmten Gebieten auch für Schabernack, weil er oft mehr wusste als der Lehrer. Der Lehrer: „Oft phantasiert er in seinen Vorträgen Dinge zusammen. Erst später, wenn ich zu Hause das Gesagte im Lexikon nachlese, stelle ich fest, dass nicht alles so ist, wie er es gesagt hat."

Der Lehrer versuchte, Phantasiegeschichten zu unterbinden, indem Thomas als Aufgabe bekam, einen Vortrag über das Schifffahrtswesen zu halten. Schifffahrt war ein Hobby des Lehrers, und außerdem hatte Thomas sich bisher damit noch nicht befasst. Es stellte sich heraus, dass Thomas zu Hause nichts an der Vorbereitung getan hatte und dennoch einen Vortrag von zwanzig Minuten hielt (länger darf ein Vortrag nicht sein). „Die Mitschüler hörten atemlos zu. Es war eine wunderbare, spannende und logische Geschichte, aber nichts stimmte. So erzählte er z.B. über Supertanker, die unheimlich schwer zu manövrieren sind, so schwer, dass die Besatzung schon auf der Höhe von Schottland anfangen muss zu bremsen, damit der Tanker rechtzeitig in Rotterdam zum Stillstand kommt."

Thomas erfindet eine spannende Phantasiegeschichte über die Schifffahrt.

Der Lehrer unterbrach Thomas nicht und ging auch während der Unterrichtsstunde nicht auf die Unrichtigkeit der Geschichte ein, da Thomas ganz in den Bann seines Vortrages geraten war und auch seine Mitschüler völlig fesselte. Der Lehrer fand es nicht richtig, Thomas vor der Klasse eine Blöße zu geben. Ein paar Tage später nahm er Thomas beiseite, um über das Vorgefallene zu reden. Es fiel ihm schwer zuzugeben, dass sein Vortrag vor allem ein Fantasieprodukt war. Andererseits ist zu bedenken, dass gerade die Fähigkeit, derartig spannende Geschichten zu erzählen, dazu beitrug, dass seine Mitschüler ihn zunehmend mochten und schätzten. Und soziale Achtung hatte er unbedingt nötig. Gerade der Umgang mit Mitschülern war anfangs ein großes Hindernis. Immer wieder hatte er das Missfallen seiner Mitschüler erregt. Das war jetzt ganz verschwunden.

Kooperatives Lernen ▸ Der Rat, seine außergewöhnlichen intellektuellen Fähigkeiten in die richtigen Bahnen zu lenken, wurde wie folgt in die Praxis umgesetzt: Thomas lernte, anderen Schülern z.B. bei Rechenaufgaben zu helfen oder bei den Hausaufgaben. Der Lehrer sagte hierüber: „Ich habe ihm gesagt, dass helfen auch etwas anderes sein kann als vorsagen. Man muss zurückgehen zum Anfang einer Aufgabe und dann Schritt für Schritt erklären, wie man die Aufgabe löst. Dabei muss man geduldig sein und darf auch Wiederholungen nicht scheuen. Als den Mitschülern deutlich wurde, wie behilflich Thomas sein kann, wurde aus der anfänglichen Ablehnung eine begeisterte Zuwendung. Diese Zuwendung hatte Thomas nötig, wie jedes Kind danach verlangt."

Thomas hatte ein starkes Kontaktbedürfnis und ein großes Verlangen nach persönlicher Zuwendung. Der Lehrer sagte, dass Thomas in der ersten Zeit auf dieser Schule die Lehrer immer anfasste. Wenn er etwas fragte, „legte er seine Hand auf den Arm oder die Schulter des anderen, nicht nur bei den Mitschülern, sondern auch bei den Lehrern, was die meisten gar nicht angenehm fanden. Jeden noch so geringfügigen Anlass nahm er wahr, um Fragen zu stellen, während er die Antwort schon längst kannte. Er findet es herrlich, wenn man das Spielchen mitspielt".

Das Verlangen nach persönlicher Zuwendung ist unverändert hoch.

Entwicklung des Sozialverhaltens Über die Entwicklung des sozialen Verhaltens von Thomas kann zusammenfassend folgendes gesagt werden: Das dominierende Verhalten den Mitschülern gegenüber ist deutlich zurückgegangen, das Anknüpfen von Freundschaftsverbindungen mit Gleichaltrigen geht voran, während das starke (körperliche) Kontaktbedürfnis immer noch da ist. So wurde ein Vertreter des Klassenlehrers fortwährend mit Fragen bombardiert und dabei angefasst.

Der Schulleiter ist davon überzeugt, dass gerade in einem Fall wie Thomas' eine gute Zusammenarbeit mit dem Elternhaus unerlässlich ist. Die Maßnahmen, die die Schule einleitet und durchführt, müssen bei den Eltern nicht nur bekannt sein, sondern mitgetragen werden. Außerdem ist für die Schule wichtig zu wissen, wie die Kinder zu Hause sind und welche Rolle die Schule im Leben des Schülers spielt.

Fazit des Lehrers ▸ Kehren wir zurück zum Klassenlehrer. Er sagt, dass er während seiner zwölfjährigen Laufbahn schon eine ganze Reihe von sehr begabten Schülern unterrichtet habe, aber noch nie einen vom Kaliber des Thomas. Er empfand es als eine besondere Herausforderung, einen solchen Schüler in der Klasse zu haben.

Hochbegabte Kinder sind oft Thema in den Teambesprechungen von Lehrerinnen und Lehrern.

„In unseren Teambesprechungen ist Thomas oft das Gesprächsthema, da wir alle lernen müssen, auch mit solchen Schülern auf die richtige Art umzugehen. Uns wurde in der Ausbildung beigebracht, wie wir mit ‚schwachen Kameraden' umgehen müssen, aber über den Umgang mit talentierten Schülern hat man uns nichts beigebracht. In meinem Bekanntenkreis von Lehrern war keiner, der mir helfen konnte. Eigentlich muss in der Ausbildung auch der ‚hochbegabte Schüler' einen Platz haben, wie man ihn erkennt und wie man ihn richtig fördert. Sogar die Schulberatungsstellen, die wir um Rat baten, konnten uns nicht helfen."

Thomas ist inzwischen ein eifriger und guter Gymnasiast. Das Lernpensum ist umfangreich, aber er hat das gerne. Im Augenblick ist sein größter Berufswunsch, an der Universität Astrophysik zu studieren.

Persönlichkeitsmerkmale ▸ Zusammenfassend und Bezug nehmend auf das weiter oben dargestellte Mehrfaktorenmodell (siehe Seite 25ff) können wir ebenso wie bei Jutta sagen: Die Persönlichkeitsmerkmale Kreativität, Motivation und intellektuelle Fähigkeiten sind bei Thomas in hohem Maße vorhanden. In besonderer Weise geht die Schule auf den intellektuellen Vorsprung und auf das ungenügend entwickelte sozial-emotionale Verhalten von Thomas ein. Die auf das Kind ausgerichtete Schulorganisation und das begeisterte und einsatzfreudige Lehrerteam schaffen die Voraussetzung dafür, dass individuelles Lerntempo und -niveau, d.h. Beschleunigung und Anreicherung, in der Normalschule verwirklicht werden können. Die „besondere Aufmerksamkeitszuwendung" hat dazu beigetragen, dass Thomas gute Fortschritte macht in seiner Entwicklung vom „Außenseiter" zum sozial angepassten Schüler. Der

Beschleunigung und Anreicherung werden in der Normalschule verwirklicht.

Einsatz und die Einsicht der Lehrer haben das sozial wünschenswerte Verhalten mitentwickelt. Dadurch wurde Thomas auch zunehmend von den Mitschülern akzeptiert und geschätzt.

Die Rolle der Familie ▸ Zum dritten für die gesunde Entwicklung wichtigen Umgebungsfaktor, zur Familie, können wir sagen, dass es dem unermüdlichen Einsatz der Mutter zu verdanken ist, dass für Thomas eine befriedigende Lösung gefunden wurde. Durch Unwissenheit wurden im Falle von Thomas so manche Fachleute auf einen Irrweg geführt. Falsche Behandlung ist für kein Kind gut; eine richtige Diagnose ist die Grundlage für gezielte pädagogische und unterrichtliche Maßnahmen. Obgleich die Eltern schon sehr früh um pädagogische und psychologische Beratung nachgefragt und sie auch bekommen haben, hat sie unkundige Beratung auf den falschen Weg gebracht. Durch die Diagnose MCD-Kind (leichte Hirnfunktionsstörungen) hat sich alles hierauf verdichtet, und der Weg zur richtigen Diagnose war zunächst verschlossen: Dieses Kind ist hochbegabt!

Falsche Diagnosen und unkundige Beratung führten auf einen Irrweg

Die Notwendigkeit von Fort- und Weiterbildung ▸ Trotz der Tatsache, dass sich im Falle von Thomas das gesamte Lehrerkollegium gut eingearbeitet hat in die Problematik und in die Lösungswege von „Hochbegabung“, besteht großes Bedürfnis an Weiter- und Fortbildung. Auch Eltern, so muss hier festgehalten werden, haben in dieser Hinsicht das Bedürfnis nach relevanter Information und Aufklärung, damit problematische Erziehungssituationen und nachteilige Entwicklungsverläufe möglichst vermieden werden.

Die reformpäd-agogische Bewegung

Zu Beginn des 20. Jahrhunderts setzte sich die reformpädagogische Bewegung nachhaltig für eine kindgerechte Schule ein. Unterschiedliche Anlagen und Fähigkeiten sollten ebenso wie das individuelle Lerntempo jedes Kindes respektiert und akzeptiert werden. Derartige Prinzipien sind heute aktueller denn je. Sie kommen auch hochbegabten Schülern entgegen, da sich aus ihnen Ansätze für besondere pädagogische und didaktische Angebote ableiten lassen.

12

Die reformpädagogische Bewegung in Europa wollte sich distanzieren von der „alten Schule“ des 19. Jahrhunderts. In der „alten Schule“ waren Autorität und Intellektualismus die tonangebenden Prinzipien. Die reformpädagogischen Bestrebungen, die vor allem im ersten Drittel des 20. Jahrhunderts wirksam waren, richteten sich darauf, dem Kind eine zentrale Stellung zu geben. Das Bestreben war, eine kindgerechte und eine vom Kind ausgehende Schule zu verwirklichen.

Die kindgerechte Schule ist das wichtigste Ziel der Reformpädagogik.

Pioniere der Reformpädagogik ▸ Einer der Begründer der Reformpädagogik war der Belgier *Decroly* (1871–1932). Er kritisierte vor allem, dass die Schule als „Paukanstalt“ zu weit vom Kinde entfernt war. So sei beispielsweise die Fächereinteilung vorgenommen worden, ohne dabei auf die natürlichen Entwicklungstendenzen des Kindes zu achten, ohne Rücksicht darauf, dass das Kind auch eigene Wünsche vorbringen konnte. Andere Pädagogen, die reformpädagogische Pläne verwirklichten, waren *Peter Petersen* (1884–1952), der Begründer der Jena-Plan-Schule im Jahre 1923, *Maria Montessori* (1871–1950) und im Anschluss an letztere *Helen Parkhurst* (1887–1973), die Begründerin der Dalton-Plan-Schule. Nachdem Parkhurst einige Jahre mit Maria Montessori zusammengearbeitet hatte, gründete sie in der amerikanischen Ortschaft Dalton eine Schule, die ausgerichtet war nach den Prinzipien Montessoris; diese Schule leitete sie bis zum Jahre 1942.

Zentrale Stellung des einzelnen Kindes ▸ Die wichtigsten Erneuerungsschulen Montessori, Jena-Plan und Dalton-Plan stellen das Kind und seine spontanen Entwicklungstendenzen zentral: Das Kind als einmaliges Wesen hat Recht auf eine bestmögliche Entwicklung seiner Anlagen und Fähigkeiten. In ihren didaktischen Prinzipien gehen diese Reformschulen von Individualisierung und Differenzierung aus, d.h. Eingehen auf das Einzelkind und Lehrstoffangebot in gestaffelter Form. Das Jahrgangsklassensystem, d.h. Gruppierung der Schüler nach dem Lebensalter, weisen sie als „kindungerecht" und „kindunfreundlich" zurück. Indem das Prinzip der Differenzierung einen zentralen Platz bekommt, werden allen Kindern, durchschnittlich oder hochbegabt, bestmögliche Entwicklungschancen geboten.

Das Kind hat als einmaliges Wesen das Recht auf eine bestmögliche Entwicklung.

Am Beispiel der Montessori-Schule und der Jena-Plan Schule soll versucht werden, deutlich zu machen, ob und wie begabte und talentierte Kinder in diesen Unterrichtssystemen auch tatsächlich eine Erziehung bekommen, die in Übereinstimmung mit ihren Anlagen und Fähigkeiten ist, und außerdem, ob auch das individuelle Lerntempo berücksichtigt wird (Holtstiege 1991; Haberl 1993).

Montessori-Pädagogik: verborgener Lehrplan für hochbegabte Schüler

Leben und Wirken Montessoris Maria Montessori, die Begründerin der Montessori-Pädagogik, war selber hochbegabt. Sie galt als mathematisches Wunderkind und erwarb im Alter von 26 Jahren als erste Frau Italiens den Doktorgrad der Medizin. Durch die Gründung des ersten *Kinderhauses* im Jahre 1905 beschritt sie völlig neue Wege, geistig behinderten und extrem verwahrlosten Kindern zu helfen. Die neuen Ideen und Erziehungsmittel, die sie entwickelte, um diesen Kindern zu helfen, waren so erfolgreich, dass sie schon bald weltweit eine der bekanntesten Frauen wurde. Obgleich ihre Prinzipien zunächst für das Kleinkind und das Grundschulkind entwickelt wurden, konnten sie auch in weiterführenden Schulen zur Anwendung gebracht werden.

Das Prinzip der Wahlfreiheit Montessori ging von der Annahme aus, dass jedes Kind die angeborene Neigung hat, seine Anlagen / Fähigkeiten zu verwirklichen. Der Lehrer soll das Kind fortwährend beobachten und ihm auf dem Fuß folgen, damit er im Stande ist, dem Kind das geben zu können, was es nötig hat. Hieraus folgt das Prinzip der Wahlfreiheit: Das Kind trifft selber Entscheidungen darüber, was es tun will, und der Lehrer als Begleiter sorgt dafür, dass das Kind soziale und intellektuelle Aufgaben hat, die seinem Entwicklungsniveau entsprechen. Zeigt es sich, dass eine Aufgabe zu schwer ist, so wird sie für später aufgehoben. Wahlfreiheit in der Montessori-Pädagogik bedeutet nicht „laisser faire" (geringfügige oder keine Lenkung und Kontrolle), da eine einmal angefangene Aufgabe auch zu Ende geführt werden muss.

Das Kind entscheidet, der Lehrer begleitet.

Die (Lern-)Umgebung ▸ Die für das Kind vorbereitete (Lern-) Umgebung setzt voraus, dass sich der Lehrer eher ermutigend und helfend verhält als dirigierend und kontrollierend. Nur so kann der Schüler erfahren, dass er selber und nicht der Lehrer die Richtung seiner Entwicklung bestimmt. Gleichzeitig erfährt der Schüler so, dass er etwas zustande bringen kann, wodurch sein Selbstwertgefühl gestärkt wird. Es ist ausgesprochenes Ziel des Lehrers, den Entwicklungs- und Lernbedürfnissen eines jeden Kindes entgegenzukommen, indem frei gewähltes und selbständiges Arbeiten angeregt und möglich gemacht wird und die Lernumgebung möglichst einladend für alle Schüler gestaltet wird. Auf diese Art bestimmt der Schüler selber in gewissem Sinne das Niveau und das Tempo seines Fortschritts.

Der Schüler bestimmt Niveau und Tempo seines Fortschritts selbst.

Kosmische Erziehung ▸ Ein oft falsch verstandener Begriff in der Montessori-Pädagogik ist die kosmische Erziehung. Wir würden heute von milieubewusster Erziehung, Umwelterziehung sprechen. Mit kosmischer Erziehung meint Montessori nämlich eine Erziehung, die zum Verantwortungsbewusstsein gegenüber der Umwelt führt. So lernt das Kind bereits im Kindergarten, wie eine Pflanze oder Blume versorgt werden muss. Es lernt die gegenseitige Abhängigkeit zu verstehen: Wird die Pflanze gut versorgt, dann wächst sie gut und sieht schön aus – damit gibt sie dem Menschen etwas Gutes. Wird die Pflanze jedoch schlecht oder überhaupt nicht versorgt, dann wird sie hässlich, wird welk oder stirbt gar – sie kann dann dem Menschen nichts Schönes geben.

Kein Leben ohne Sonne: Die Montessori-Pädagogik vermittelt Kindern einen verantwortungsbewussten Umgang mit der Umwelt.

Die Montessori-Grundschule ▸ Die Montessori-Grundschule hat nicht, wie üblich, eine Gruppierung nach Jahrgangsklassen, sondern eine vertikale Gruppierung, d.h., in einer Klasse sind zumeist Schüler von drei verschiedenen Schülerjahrgängen. Da die Grundschule in den Niederlanden acht Grundschuljahre kennt, wird hier in Unter-, Mittel- und Oberstufe unterteilt. In der Montessori-Schule werden demnach in derselben Klasse Schüler aus verschiedenen Schülerjahrgängen „unterrichtet". In einem derartigen Klassenverband kann ein

In einer Klasse werden Schüler aus verschiedenen Jahrgängen unterrichtet.

Schüler für sich arbeiten, er kann sich einer Gruppe anschließen, oder einige Schüler können sich zur Projektarbeit zusammentun. Kooperatives Lernen (der Bessere hilft dem Schwächeren) kann genauso gut verwirklicht werden wie Fähigkeitsgruppierung, ohne dass der Eindruck entsteht, dass für die hochbegabten Schüler „Sonderangebote" bereitgestellt werden.

Sekundarschulen ▸ Montessori-Prinzipien werden auch in zunehmendem Maße in Sekundarschulen angewandt. Vorbereitung der Umgebung bedeutet dann, dass die Schüler Zugang haben zu allen Fachzimmern in der Schule, wie Bibliothek, Musikraum oder Aula; gleichzeitig wird die Umgebung ausgedehnt, indem Museen, historische Gebäude, botanische Gärten oder andere Einrichtungen der Gemeinde mit einbezogen werden.

Montessori-Prinzipien in der Sekundarstufe

Die folgenden Prinzipien der Montessori-Pädagogik sind vor allem auch für die 12- bis 18-Jährigen wertvoll:

- selbständiges und unbeaufsichtigtes Arbeiten;
- es kann gewechselt werden von individueller zu gemeinschaftlicher Arbeit;
- eigene Ideen und Interessen werden erwartet und nicht als unzulänglich betrachtet;
- individuelles Lerntempo wird respektiert und akzeptiert;
- verantwortliche Einstellung gegenüber der Umgebung (Gesellschaft, Natur und Kultur) wird betont: kosmische Erziehung.

Zentrale Montessori-Prinzipien lassen sich kurz und prägnant zusammenstellen.

Zentrale Merkmale der Montessori-Pädagogik

- Montessori-Unterricht ist individuell ausgerichtet; jedes Kind bekommt Unterricht nach Maß.
- Unterschiede in Anlage / Fähigkeiten und Lerntempo werden respektiert und akzeptiert.
- In einer Montessori-Klasse ist der Lehrer ein Begleiter, der sich ganz der eigengearteten Entwicklung eines jeden Kindes widmet.
- Montessori-Erziehung in der Sekundarschule ist eine Fortsetzung der Grundschule und stützt sich auf dieselben erzieherischen und unterrichtlichen Prinzipien.
- Selber tun, selber entdecken und selber erfahren führen zur Entwicklung von Selbständigkeit und dazu, dass man lernt, Verantwortung zu tragen: *Lehre mich, es selbst zu tun!*

Die Prinzipien der Montessori-Pädagogik wurden hier kurz als Beispiel reformpädagogischer Maßnahmen besprochen. Kindzentrierte schulische Erziehung wird in vielen Schulen realisiert, auch ohne dass ein Erziehungs- und Unterrichtskonzept mit einem bestimmten Namen oder Modell verbunden wird. Nachdem wir bisher mit einer Vielfalt von begabungsfördernden Maßnahmen vor allem von Amerika her konfrontiert wurden, wäre es an der Zeit, unsere eigenen, europäischen Konzepte im Hinblick auf Begabtenförderung zu analysieren und zu systematisieren. Dabei würden wir sicherlich fündig werden (Mönks 1995a).

Die Jena-Plan Schule: inhärente Begabtenförderung

Die erste Jena-Plan Schule wurde im Jahre 1923 von Peter Petersen (1884–1952) als Übungsschule an der Universität Jena eingerichtet. Als „Insel kapitalistischer Pädagogik“ wurde sie, unter Protest der Eltern, am 11. August 1950 geschlossen.

Erziehungs- und Unterrichtskonzepte der Jena-Plan Schule

1. **Schule und Familie**: Schule soll nicht nur ein Institut für intellektuelle Bildung sein, isoliert vom normalen Alltag, sondern sie soll eine Brücke zur Gesellschaft schlagen. Zusammenarbeit mit Eltern ist ein Grundprinzip und daher kann eine Schule nur dann gedeihen, wenn Schule und Elternhaus ineinander greifen. „Die Familien sind letzten Endes die Vollinteressenten an der Erziehung der Kinder – nicht der Staat“ (Dietrich 1995, 99).

2. **Stammgruppen statt Jahrgangsklassen:** In der Stammgruppe werden jeweils Schüler aus drei Schülerjahrgängen gemeinsam unterrichtet. Durch diese heterogene Altersgruppierung wird der natürliche Lernprozess zwischen den Schülern gefördert. Außerdem ist diese Altersstruktur familienähnlich.

3. **Wochenarbeitsplan statt „Fetzenstundenplan“:** Durch den altersheterogenen Stammgruppenaufbau ist der überlieferte Stundenplan nicht geeignet, da nach diesem „ein Fach das andere mehr oder minder willkürlich ablöst“ (Dietrich 1995, 73). Kernelemente beim Wochenarbeitsplan sind die Gruppenarbeit und die thematische Ausrichtung des Unterrichts.

4. Instruktionsgruppen: SchülerInnen werden entsprechend ihren Fähigkeiten und ihrem Fähigkeitsniveau für bestimmte Stunden und Fächer gruppiert und unterrichtet. Diese schulische Organisationsform kann auch Fähigkeitsgruppierung (ability grouping) genannt werden. Außerdem wird hier etwas in der Schulpraxis verwirklicht, was Jahrzehnte später durch Renzulli als „Drehtürmethode" für amerikanische Schulen dargestellt wird. – In den Instruktionsgruppen befinden sich SchülerInnen mit einem ähnlichen Fähigkeitsniveau aus verschiedenen Stammgruppen. Sie werden insbesondere für die Hauptfächer gebildet.

5. Tischgruppen: Im Klassenzimmer gruppieren sich die SchülerInnen um Tische. Diese Kleingruppenstruktur ermöglicht und fördert kooperatives Lernen und Gruppenarbeit.

6. Natürliche Lernsituation: Menschliches Kommunizieren und Lernen hat vier Grundformen, nämlich Gespräch, Spiel, Arbeit und Feier. Der Wochenarbeitsplan wird in Übereinstimmung mit diesen Grundformen gebildet.

7. Soziales Lernen: Eine besondere Förderung des sozialen Lernens wird unterstützt durch Gruppenfeiern, z. B. Wochenanfang und Wochenende, Geburtstage, besondere Ereignisse im Leben der SchülerInnen (z. B. Geburt eines Schwesterchens oder Brüderchens).

Im Hinblick auf die besondere Förderung von begabten SchülerInnen in der Jena-Plan Schule sagt Dietrich folgendes: „Das Gruppensystem (‚Stammgruppen') ist die eine Möglichkeit, den begabten Schülern gerecht zu werden. Die andere besteht im Niveaukurs- und überhaupt im Kurssystem; es dient der Pflege der verschiedenen Begabungshöhen und -richtungen, und es sorgt dafür, dass auf lebensnotwendigen Gebieten ein ‚Mindestwissen' erreicht wird" (Dietrich 1995, 151).

Zusammenfassend soll dargestellt werden, dass die Jena-Plan Schule deutlich macht: Differenziertes Unterrichten und differenzierendes Lernstoffangebot – Kernelemente jeglicher Begabtenförderung – ist in der Regelschule möglich.

Grundprinzipien der Jena-Plan-Schule

- Gruppierung nach Fähigkeit und Lerntempo.
- Selbständiges (individuelles) Lernen wie auch das Lernen in Gruppen wird ermöglicht.
- Kooperatives Lernen ist fester Bestandteil des Unterrichtens: der Stärkere hilft dem Schwächeren und intellektuelle Peers (Entwicklungsgleiche) lernen voneinander.
- Kontinuierlicher individueller Lernfortschritt ist möglich, d. h. individuelle Lernfähigkeit und das individuelle Lerntempo bestimmen den Fortgang des Schülers / der Schülerin; es gibt keine klassenweisen Versetzungen.
- Persönlichkeitsentwicklung und soziales Lernen sind genauso wichtig wie intellektuelles Lernen.

Ebenso wie Montessori-Schulen eignen sich Jena-Plan Schulen als Regelschulen in besonderem Maße für eine gerechte und selbstverständliche Begabtenförderung. Letzlich geht es darum, den Entwicklungs- und Lernbedürfnissen *aller* Kinder und Jugendlichen gerecht zu werden.

Gleiche Entwicklungschancen für alle

Obwohl die Schulgesetzgebung in fast allen Ländern Europas den Schülern eine individuelle Betreuung zusichert, werden die Lernbedürfnisse hochbegabter Kinder im Unterricht kaum berücksichtigt. Dabei existiert eine Vielzahl begabungsfördernder Maßnahmen in und außerhalb der Regelschule, deren Wirksamkeit sich international bereits andeutet.

13

Anspruch und Wirklichkeit in der Begabtenförderung

Es hat mal jemand gesagt, „es gibt kein größeres Unrecht, als Ungleiche gleich zu behandeln“. Dies ist eine exakte Umschreibung des Kerns der Problematik, in der sich hochbegabte Schüler in den meisten Ländern Europas befinden. Die *Schulgesetzgebung* bietet den Schülern in den meisten Ländern Europas eine günstige Perspektive im Hinblick auf unterrichtliche Betreuung, die sich am Schüler als Einzelwesen orientiert. In Wirklichkeit ist es jedoch so, dass *Schulordnung* und *Unterrichtsprogramm* kaum Raum bieten für die Lernbedürfnisse des einzelnen Kindes. Vor allem, wenn ein Schüler sich zu weit nach oben hin vom Durchschnitt entfernt, ist Einzelbetreuung nicht vorgesehen, oder sie wird aus Zeitgründen einfach abgelehnt.

So wird in der niederländischen Gesetzgebung dem Grundschulkind garantiert, dass „der Unterricht so gestaltet wird, dass die Schüler einen kontinuierlichen Entwicklungsprozess durchlaufen können. Maßstab für die Einrichtung des Unterrichts ist der Entwicklungsfortschritt der Schüler“. Eine derartige gesetzliche Vorgabe bietet genügend Raum für begabungsfördernde Maßnahmen. Dennoch wird im weiteren Wortlaut des Gesetzes mit keinem Wort erwähnt, dass Hochbegabung für die Schule Anlass sein kann für besondere Maßnahmen. Es muss demnach darauf hingewirkt werden, dass auch das begabte Kind entsprechend seinem Tempo und seiner Fähigkeiten im Rahmen der Gesetzesanwendung erfasst wird.

Lernbedürfnisse hochbegabter Kinder werden kaum berücksichtigt.

Sehr begrüßenswert ist in diesem Zusammenhang die Initiative einiger Bildungspolitiker des Europaparlaments, die eine gesetzliche Verankerung in allen Ländern Europas erwirken wollen, damit alle Schüler ein differenziertes Lehrstoffangebot bekommen und weiterhin, dass dieses Recht auf begabungsfördernde Maßnahmen auch kontrolliert wird. Differenzierung, d.h. „Unterricht nach Maß", ist für alle Begabungsebenen am gerechtesten und am besten.

Ein Recht auf begabungsfördernde Maßnahmen wird diskutiert.

Kooperation und Fachwissen Die ausführlichen Falldarstellungen von Jutta und Thomas haben deutlich gemacht, dass angemessene Förderung von hochbegabten Kindern und Jugendlichen eine gute Zusammenarbeit zwischen Fachleuten, Eltern und Lehrern voraussetzt. Der Kenntnisstand hinsichtlich der Erkennung und Förderung von Hochbegabung ist noch sehr lückenhaft. Tatsache ist auch, dass die Notwendigkeit, diese Kenntnis zu erwerben und spezifische Förderung zu geben, noch längst nicht von jedermann anerkannt wird. Im allgemeinen ist das heutige Unterrichtssystem hierauf (noch) nicht eingestellt. Letztlich sind hochbegabte Schüler abhängig vom guten Willen und von der Einsicht der Lehrer und – ganz besonders – von den Anstrengungen ihrer Eltern.

Was Schule und Eltern tun können

Wenn wir nach Möglichkeiten der Begabungsförderung in der Schule suchen, dann bieten sich folgende Möglichkeiten an, wobei gesagt werden muss, dass sich die genannten Fördermaßnahmen von der Grundschule bis zum Gymnasium einsetzen lassen, wenn entsprechende Veränderungen vorgenommen werden. Die Auflistung und Besprechung ist nicht vollständig und ist auch nicht die Wiedergabe einer Stufenfolge. In manchen Schulen lassen sich einige dieser Maßnahmen, in anderen wieder andere verwirklichen (siehe hierzu auch Wagner 1990).

Hilfslehrkraft

In vielen amerikanischen Schulen gibt es den „resource teacher" (hier übersetzt mit Hilfslehrkraft); an niederländischen Schulen gibt es häufig einen „remedial teacher", was auch am besten mit Hilfslehrkraft übersetzt werden kann. Während die Hilfslehrkraft in den Niederlanden eingesetzt wird, um schwachen und problematischen Schülern zu helfen, ist die Hilfslehrkraft in Amerika für die schnellen Lerner, für die Lernbegierigen und die Lernwilligen da. Es geht hierbei vor allem darum, anreichernden und vertiefenden Lehrstoff anzubieten und Wege zu finden, wie der betreffende Schüler am besten seine Interessensgebiete vertiefen kann. Oft kann eine solche Lehrkraft auch Hilfe leisten beim schnelleren Durcharbeiten von planmäßigem Stoff. – Auf unser Anraten hin haben sich an niederländischen Schulen Hilfslehrkräfte auch mit hochbegabten Schülern befasst. Wenn auch die Erfahrungen noch selten sind, kann gesagt werden, dass es in allen Fällen eine große Zufriedenheit gab, beim Schüler *und* beim Lehrer.

Eine Vertiefung von Interessensgebieten soll ermöglicht werden.

Projekte

Wie im Falle Juttas sind Projekte, die vom Einzelschüler oder in der Gruppe durchgeführt werden, sehr geeignete begabungsfördernde Maßnahmen, weil dadurch den lernwilligen Schülern Gelegenheit gegeben wird, sich voll einzusetzen, ohne dass dabei ein „Sonderstatus" in der Klasse entsteht.

Arbeitsgemeinschaften

Sie sind als Zusatzangebote zum regulären Lehrplan in Deutschland sehr verbreitet. Hier bieten sich Möglichkeiten für Kinder und Jugendliche, mit Entwicklungsgleichen in altersheterogenen Gruppen zusammenzusein, ohne jedoch den normalen Klassenverband aufgeben zu müssen.

In AGs arbeiten Entwicklungsgleiche zusammen.

So werden seit 1985 im Lande Baden-Württemberg im Rahmen des Programmes „Förderung besonders befähigter Schüler" Arbeitsgemeinschaften als begabungsfördernde Maßnahme angeboten. Diese Förderung umfasst Hauptschule, Realschule, Gymnasium und Berufsschulen. Die Auswahlkriterien beziehen sich auf Aspekte wie Begeisterungsfähigkeit und Neugier, Einfallsreichtum, Begabung für das Fach, Ausdauer bei der Verfolgung eines Zieles, Belastbarkeit, Durchhaltevermögen, Fähigkeit zur Teamarbeit.

Derartige Arbeitsgemeinschaften sind in der Regel leicht zu organisieren, wenn der Rahmenplan feststeht. In entwicklungspsychologischer Hinsicht bieten sie große Möglichkeiten für das sozial-emotionale Heranwachsen unter Gleichgesinnten.

Renzullis Drehtürmethode

Der Amerikaner Joseph Renzulli entwickelte diese Methode als begabungsfördernde Maßnahme. Das Prinzip: Der Schüler verlässt den regulären Unterricht zu festgesetzten Zeiten, während bestimmter Stunden. Er kann die Klasse verlassen, weil er den regulären Stoff schneller durchgearbeitet hat. In der Jena-Plan-Schule ist im Stammgruppensystem mit Niveauunterricht in altersheterogenen Gruppen hierfür Raum. Im Grunde ist die Drehtürmethode für alle Schüler geeignet. Es geht darum zu vermeiden, dass Schüler faul werden, weil sie nicht genügend gefordert werden. Unterforderung führt zu Interesselosigkeit und Faulheit. Diese Drehtürmethode kann verwendet werden bei Schülern, die z.B. ein höheres Rechen- oder Leseniveau haben als die eigene Klasse. Der Schüler geht dann für den Rechen- oder Leseunterricht in eine höhere Klasse. Die Methode kann auch angewandt werden, wenn ein Schüler an einem länger laufenden Projekt arbeitet. Er verlässt dann die Klasse für bestimmte Zeiten, um in der Bibliothek, im städtischen Museum oder bei einem Experten Information zu sammeln, die er für seine Projektarbeit benötigt (siehe Renzulli u.a. 2001).

Renzullis Modell beugt Unterforderung vor.

Spezialklassen

In derartigen Klassen, die innerhalb einer Schule für begabte Schüler eingerichtet werden, kann ein Enrichment-Programm angeboten werden, und die Schulzeit kann schneller durchlaufen werden.

Internationale Beispiele ▸ In den Niederlanden sind die Kindergärten und Grundschulen zu dem Schultyp „Basisschule“ zusammengefasst, die acht Jahrgangsklassen umfasst (Gruppe 1 bis Gruppe 8). Das Schulgesetz ermöglicht es, dass die jüngsten begabten Schüler beispielsweise die ersten beiden Gruppen schneller durchlaufen.

Ein begabungsförderndes Programm, bei dem 6 Fächer auf 10 Fächer ausgedehnt werden, wird auf Taiwan und seit 1984 in der Republik Singapur erfolgreich angeboten. Die Zusammenstellung der Schüler in derartigen Klassen erfolgt durch ein testpsychologisches Auswahlverfahren. Dabei werden die besten 2 % in der Grundschule und in weiterführenden Schulen ausgewählt. Außer Vertiefung und Anreicherung des Unterrichtsstoffes wird vor allem auf die Entwicklung der folgenden Gebiete hingewirkt: Kreativität, kritisches Denken, intellektuelle Initiative, soziales Bewusstsein, Führungsqualitäten.

In Asien werden Vertiefung und Anreicherung in die Praxis umgesetzt.

Das Enrichment-Programm in Singapur stellt drei Ziele zentral: (1) Entwicklung und Anwendung höherer Denkstrategien, (2) Vertiefung und Erweiterung des Lernens durch selbständiges Arbeiten und (3) Zur-Verfügung-Stellen von Dokumentations- und Informationsmaterial, das anspruchsvoll, modern und verschiedenartig ist.

Anfangs wurde dieses Programm argwöhnisch betrachtet und beurteilt, sowohl von Lehrern wie von Eltern. Auch Neid meldete sich bei manchen Eltern. Diese negativen Begleitumstände verschwanden schnell, weil allen Beteiligten bewusst wurde: Alle Kinder werden entsprechend ihren Fähigkeiten gefördert. Nicht alle können dasselbe Tempo vorlegen und dieselbe Menge an Stoff verarbeiten. Demnach muss diesen Unterschieden Rechnung getragen werden, damit jeder Schüler Gelegenheit hat, sich bestmöglich zu entwickeln.

D-Zug-Klassen

Dies sind Sonderklassen – zumeist nur im Sekundarschulbereich –, zusammengestellt aus hochbegabten Schülern, die das Lehrpensum im beschleunigten Tempo durchlaufen. Hierzu gibt es in Deutschland in einigen Ländern Erfahrungen (z.B. Hamburg und Rheinland-Pfalz; siehe hierzu auch Wagner 1990).

Tempo, Tempo, Tempo? Auch in D-Zug-Klassen kommt der Spaß nicht zu kurz.

Manche Pädagogen und Wissenschaftler sehen hierin die einzig wirkliche Möglichkeit, sehr begabte Schüler entsprechend ihren Fähigkeiten zu fördern. Zu Unrecht wird in diesem Zusammenhang häufig ein Eliteverdacht geäußert mit dem Argument, „denen, die doch schon so viel haben, soll nicht noch mehr gegeben werden“!

Der „Eliteverdacht“ ist unangebracht.

Bisherige Erfahrungen Erfahrungen auf breiter Grundlage gibt es bisher nur in den Vereinigten Staaten und in der Volksrepublik China. So gibt es in China seit 1984 im Primar- und Sekundarschulbereich zahlreiche Klassen dieser Art. Die Schüler durchlaufen vielfach das sechsjährige Primarschulprogramm in vier Jahren; wenn sie dann noch das ebenfalls sechsjährige Sekundarschulprogramm in vier Jahren absolvieren, können sie im Alter von 13/14 Jahren zur Universität gehen. Es ist begreiflich, dass Gegner dieser radikalen Beschleunigung nicht so sehr den Elitegedanken in den Vordergrund stellen, sondern die soziale und pädagogische Problematik und die möglichen Schäden für die Persönlichkeitsentwicklung.

Ungeklärte Fragen Deutlich ist, dass es hier entwicklungspsychologische und pädagogische Fragen gibt, die wir bisher nur ungenügend beantworten konnten. Es reicht nicht aus, wenn die Befürworter dieser Radikalkur die zweifellos auch positiven Seiten dieser Akzeleration betonen. Es wäre außerdem an der Zeit, dass es in den verschiedenen Ländern Europas schulorganisatorisch ermöglicht wird, derartige Klassen einzurichten, die dann auch wissenschaftlich begleitet werden müssten. Aus unserer Sicht sollte man vermeiden, ein allzu schnelles Tempo einzuschlagen.

Die wissenschaftliche Begleitung von D-Zug-Klassen ist unerlässlich

Reformschulen

Wir haben bereits darauf hingewiesen, dass die reformpädagogische Bewegung zu Anfang dieses Jahrhunderts Reformen eingeleitet und realisiert hat, die der harmonischen Entwicklung des Kindes dienen sollten. Das Kind in seiner Einzigartigkeit wurde zentral gestellt. Am Beispiel der Montessori-Pädagogik ist deutlich geworden, dass reformpädagogische Bestrebungen auch dem hochbegabten Kind entgegenkommen, da die Einzigartigkeit eines jeden Kindes Ansatzpunkt für pädagogische und didaktische Betreuung ist. Die spezifischen begabungsfördernden Maßnahmen, der „verborgene Lehrplan für das hochbegabte Kind" müssten mehr, als es bisher geschieht, erschlossen und offengelegt werden.

Individualisierung des Lehrstoffangebots

Wir konnten lesen, dass die Grundschule, die Thomas besuchte, eine Unterrichtsmethode anwandte, bei der ein individuelles Lehrstoffangebot zentral war. Das heißt, jedes Kind bekam „Unterricht nach Maß". Es war eine ganz normale Grundschule ohne besonderes Reformprogramm. Für die Durchführung individualisierender und begabungsfördernder Maßnahmen braucht eine Schule nicht eine Reformschule zu sein. Sie muss eine flexible Organisationsform und begeisterte Lehrer haben, und es sollten folgende Aspekte berücksichtigt werden:

Begabungsfördernde Maßnahmen sind an jeder Regelschule möglich.

- Fördermaterial und -möglichkeiten: Diese müssen zwingend vorhanden sein. Das Material soll variationsreich, anspruchsvoll und anregend gestaltet werden. Möglichkeiten der Anreicherung des normalen Unterrichts und beschleunigtes Durcharbeiten von Lehrstoff sollten die Regel und nicht die Ausnahme sein.

- Herausforderung: Der gebotene Lehrstoff und das verfügbare Material sollten von solcher Qualität sein, dass sich hochbegabte Schüler angesprochen fühlen, sich anzustrengen; es sollte so motivierend sein, dass sie das gesteckte Ziel unbedingt erreichen wollen. Motivation liefert nicht nur die nötige Energie und das

Durchhaltevermögen, sondern trägt auch dazu bei, dass man eine Sache „lieb gewinnt“.

- **Umgang mit anderen Schülern:** Eingehen auf die Einzigartigkeit eines begabten Schülers bedeutet nicht, dass er oder sie isoliert erzogen wird. Vielmehr ist der Umgang mit anderen Schülern und insbesondere Gleichbegabten von wesentlicher Bedeutung für eine gesunde Entwicklung. Das hochbegabte Kind soll in der Schule Gelegenheit haben, verschiedene soziale Aktivitäten und Beziehungen zu realisieren. Dazu gehört Umgang mit Begabungsgleichen und Umgang mit Schülern, die zwar gleichaltrig sind, jedoch intellektuell ein anderes Niveau haben. Kooperatives Lernen – „der Stärkere hilft dem Schwächeren“ – ist für den Hochbegabten, wenn sie richtig dosiert wird, sehr nützlich.

Der hochbegabte Schüler sollte nicht isoliert erzogen werden.

- **Beratung:** Eltern, Lehrer und auch hochbegabte Schüler sollten die Möglichkeit haben, sich beraten zu lassen über Höhe und Schwerpunkt der Begabung, welche Fördermaßnahmen hierzu passen u.a. Schulpsychologische Dienste sind oft ungenügend vorbereitet auf diesbezügliche Fragen, oft fehlt einschlägiges Wissen im Hinblick auf Hochbegabung.

- **Lehrerfortbildung:** Kompetente Lehrkräfte sind hinsichtlich des Erkennens und Förderns von hochbegabten Schülern eine bittere Notwendigkeit, hier besteht ein großes Nachholbedürfnis. Lehrern aller Schulgattungen fehlen oft jede Grundkenntnis und jegliches Verständnis in Sachen Hochbegabung. Auf Fortbildungstagungen sollten auf jeden Fall folgende Themen behandelt werden: „Was ist Hochbegabung?“, „Wie und woran kann man sie erkennen?“, „Wie können hochbegabte Schüler in der Normalschule am besten gefördert werden?“ . Alle obengenannten Aspekte einer angemessenen Begabtenförderung sind nur dann realisierbar, wenn Lehrkräfte über entsprechendes Rüstzeug verfügen. – Nach einer Lehrerfortbildungstagung zum Thema Hochbegabung schrieb ein Lehrer: „Nach dieser Fortbildungstagung stehe ich dem Phänomen ‚Hochbegabung‘ völlig anders gegenüber. Ich weiß jetzt so viel, dass ich mich weiter orientieren kann und das auch tun werde." Dies ist keine vereinzelte Aussage. Seit 1992 führen wir regelmäßig an unserem Zentrum für Begabungsforschung (Radboud Universität Nijmegen) Fortbildungstagungen für GrundschullehrerInnen durch.

„Spezialist für Begabtenförderung" Inzwischen wurde am Zentrum für Begabungsforschung der Radboud Universität Nijmegen unter meiner (F.J. Mönks) Anleitung ein Lehrgang für Lehrer und Lehrerinnen entwickelt, der zum Erwerb des Fachdiploms „Spezialist für Begabtenförderung" führt. 1994 erhielten die ersten LehrerInnen (1 Lehrer und 4 Lehrerinnen) dieses Diplom. Da der Begründer dieses Diploms zur Zeit der Entwicklung des Diplom Studienganges Präsident von ECHA (European Council for High Ability) war, wird dieses Diplom kurz ECHA Diplom genannt.

In ganz Europa gibt es bereits jetzt schon fast 4000 Absolventen, vor allem in Deutschland, Niederlande, Österreich, der Schweiz und Ungarn, aber auch in Belgien, Schweden, Peru und Chile. Der Lehrgang umfasst etwa 500 Stunden Fortbildung, Theorie und Praxis. Für Deutschland wird dieser Lehrgang vom ICBF (Internationales Centrum für Begabungsforschung) der Universität Münster angeboten (siehe Adressverzeichnis).

Fast 4000 Lehrkräfte haben sich bereits fortgebildet.

- **Lehrerausbildung:** Auch die Ausbildung zukünftiger Lehrkräfte sollte fortan „Erkennung und Förderung von begabten Schülern" im Programm haben. Wenn Lehrer bereits in ihrer Ausbildung mit Fragen der Hochbegabung vertraut gemacht werden, wird nicht nur eine Lücke gefüllt, sondern es wird eine Grundlage geschaffen, damit all die begabten und talentierten Kinder und Jugendlichen eine Erziehung und Förderung bekommen, die ihren Anlagen und Fähigkeiten entspricht.

Auch hier wurden inzwischen beträchtliche, wenn auch nicht ausreichende, Fortschritte gemacht. In die Grundausbildung vieler LehrerInnen hat das Thema „Begabungen erkennen – Begabte fördern" Eingang gefunden.

Schulen können auch einen wichtigen Beitrag zu außerschulischen begabungsfördernden Maßnahmen bieten, indem sie außerhalb der Schulzeit Räumlichkeiten und Mittel zur Verfügung stellen. Das kann sich auf die verschiedensten Gebiete beziehen, wie Schach- oder Computerclub, ein Club für Sternkunde oder Mineralogie oder auch Umgebungskunde mit dem Ziel, umweltfreundliche „Erfindungen" zu machen.

Derartige Programme können zusammen mit Elternbeiräten als Zusatzangebote aufgestellt werden. Eltern können natürlich auch außerhalb der Schule Fördermaßnahmen anbieten, mit oder ohne Hilfe der Schule. Die früher erwähnten *Schülerakademien*, *Samstags-Clubs* und *Ferienlager* gehören dazu.

Schlussgedanken

Wir hoffen, dass die Leserinnen und Leser in diesem Leitfaden informative und ratgebende Hinweise gefunden haben. Gute und sachkundige Information ermöglicht es, gezielt zu suchen und Lösungswege zu finden. Dieses Buch ist gewiss kein Rezeptebuch. Erziehung ist nie eine Anwendung von Rezepten, jedes einzelne Kind ist einzigartig und erfordert eine zu ihm passende Erziehung. Auch Hochbegabte sind Einzelwesen, die angemessen erzogen und begleitet werden sollten. Wir hoffen, dass dieser Leitfaden vielen Eltern eine Hilfe bei der Erziehungsaufgabe ist, so dass viele Kinder und Jugendliche glücklich und zufrieden heranwachsen.

Serviceteil

Besonders empfohlene Literatur

Bundesministerium für Bildung und Forschung (2009): Begabte Kinder finden und fördern. Ein Ratgeber für Eltern, Erzieherinnen und Erzieher, Lehrerinnen und Lehrer. Eigenverlag, Bonn. (Umfassendes Nachschlagewerk)

Deutsche Schüler-Akademie (2004; 2010). Bildung und Begabung e.V., Bonn.

Gusovius, A. H. (2005): Der außergewöhnliche Mensch. Tectum, Marburg.

Mönks, F. J., Rogalla, M. (Hrsg.) (2010): Sensitivität nach Dabrowski. Themenheft Journal für Begabtenförderung 2. Studienverlag, Innsbruck

Renzulli, J. S., Reis, S. M., Stedtnitz, U. (2001): Das schulische Enrichment Modell SEM. Begabungsförderung ohne Elitebildung. Sauerländer, Aarau

Sternberg, R. J. (1998): Erfolgsintelligenz. Lichtenberg, München.

Thomas, W. (1997): Mein Kind ist hochbegabt. Außergewöhnliche Begabung erkennen und fördern. Econ, Düsseldorf

Webb, J. T., Meckstroth, E. A., Tolan, S. S. (2002): Hochbegabte Kinder, ihre Eltern, ihre Lehrer. Ein Ratgeber. Huber, Bern

Ziegler, A. (2009): Hochbegabung. Ernst Reinhardt, München / Basel

Weitere Literaturhinweise

Aron, E. (1999): The highly sensitive person. Harper Collins, New York

Aron, E. (2002): The highly sensitive child. Broadway Books, New York

Betts, G. T., Kercher, J. L. (2008): Der Weg des selbstbestimmten Lernens. LIT, Münster

Dietrich, T. (1995): Die Pädagogik Peter Petersens – Der Jena-Plan. Beispiel einer humanen Schule. Julius Klinkhardt, Bad Heilbrunn

Gardner, H. (1983): Frames of mind: The theory of multiple intelligences. Basic Books, New York

Gardner, H. (1993): Creating minds. Basic Books, New York

Gardner, H. (1999): Intelligence reframed – multiple intelligences for the 21st century. Basic Books, New York

Haberl, H. (Hrsg.) (1993): Montessori und die Defizite der Regelschule. Herder, Freiburg / Wien

Hany, E. A. (1987): Modelle und Strategien zur Identifikation hochbegabter Schüler. Unveröffentlichte Dissertation, Ludwig-Maximilians-Universität München

Hany, E. A., Nickel, H. (Hrsg.) (1992): Begabung und Hochbegabung. Huber, Göttingen

Heller, K. A. (Hrsg.) (2000): Begabungsdiagnostik in der Schul- und Erziehungsberatung. Huber, Göttingen

Holtstiege, H. (1991): Erzieher in der Montessori-Pädagogik. Herder, Freiburg i. Br.

Marland J. S. (1972): Education of the Gifted and Talented. Government Printing Office, Washington D. C.

Mönks, F. J. (1995a): Unterricht nach Maß – auch für begabte Schüler. In: Haberl, H. (Hrsg.): Integration und Montessori-Pädagogik. Herder, Freiburg i. Br., 48–57

Mönks, F. J. (1995b): Hochbegabung – Ein Mehrfaktorenmodell. Grundschule 28/5, 15–18

Mönks, F.J. (1996): Elite-Debatte im Scheinwerfer. Psychologie in Erziehung und Unterricht 43/3, 219–224

Mönks, F. J., Knoers, A. M. P. (1996): Lehrbuch der Entwicklungspsychologie. Ernst Reinhardt (UTB), München / Basel

Mönks, F. J., Pflüger, R. (2005): Schulische Begabtenförderung in Europa – eine Bestandsaufnahme. In: Fischer, C., Mönks, F. J., Grindel, E. (Hrsg.): Curriculum und Didaktik der Begabtenförderung – Begabungen fördern, Lernen individualisieren. LIT, Münster, 41–54.

Rose, C. (2010): Lernberatung für hochbegabte Underachiever unter besonderer Berücksichtigung der Theorie der „positiven Desintegration“ von Kasimierz Dabrowski – eine andere Sicht auf Hochbegabgung. ECHA Diplomarbeit.

Scheidt, J. (2004): Das Drama der Hochbegabten. Kösel, München

Stapf, A. (2003a): Hochbegabte Kinder – Persönlichkeit, Entwicklung, Förderung. Beck, München

Stapf, A. (2003b): Aufmerksamkeitsstörung und Hochbegabung. Journal für Begabtenförderung 3, 6–11

Stern, W. (1916): Psychologische Begabungsforschung und Begabungsdiagnose. In: Petersen, P. (Hrsg.): Der Aufstieg der Begabten. Teuber, Leipzig, 105–120

Wagner, H. (Hrsg.) (2003): Frühzeitig fördern. Bock, Bad Honnef

Empfehlenswerte Adressen

Gaesdoncker Beratungsstelle für Begabtenförderung
Deutsche Niederlassung des Zentrums
für Begabungsforschung
der Universität Nijmegen
Gaesdonckerstrasse 220
47574 Goch
Tel.: 02823/961390
E-Mail: info@gbfb.de
Homepage:
www.gaesdonck.de

Internationales Centrum für Begabungsforschung (ICBF)
Universität Münster
Georgskommende 33
48143 Münster
Tel.: 0251/8324230
E-Mail: icbf@uni-muenster.de

Deutsche Schüler-Akademie
Bildung & Begabung gemeinnützige
GmbH
Kortrijker Straße 1
53177 Bonn
Tel.: 0228/9 59 15-40
E-Mail:
info@deutsche-schuelerakademie.de
Homepage:
www.deutsche-schulerakademie.de

Sommerprogramme für hochbegabte Jugendliche

Beratungsstelle Hamburg
Dr. Bettina Ruhmke
Ganzheitliche Vorschule für schnelle
Köpfchen
Mohnblumenweg 4
22395 Hamburg
Tel.: 040/189 95 162
E-Mail:
bettina.ruhmke@web.de;
hbegabung@web.de
Homepage: hbegabung.de

CCB
Competenz Center Begabtenförderung
Düsseldorf
Bertha-von-Suttner-Platz 3, 7. Etage
40227 Düsseldorf
Tel. 0211/8924050
E-Mail: ccb@duesseldorf.de
Homepage:
http://www.duesseldorf.de/ccb/index.shtml

Beratung und zahlreiche Veranstaltungen für Kinder und Jugendliche aller Schularten

Deutsche Gesellschaft für das Hochbegabte Kind
Schillerstraße 4–5
10625 Berlin
Tel.: 04321/72064
E-Mail: mahn@dghk.de
Homepage: www.dghk.de

Elternvereinigung mit mehr als 5000 Mitgliedern; Präsidentin: Manuela-Angelika Mahn

(Stand der Internet-Adressen: Oktober 2011)

Der Sandmann ist endlich da!

Helena Harms
Mit Wolkenschäfchen in den Schlaf
Ratgeber für ausgeschlafene Eltern
und ihre Kinder
(»Kinder sind Kinder«; 34)
2009. 117 Seiten. 9 Tab. Innenteil zweifarbig.
(978-3-497-02059-1) kt

- **Kleine Hilfen mit großer Wirkung**
- **mit Geschichten und Entspannungstricks**

„Mein Kind schläft nicht" – diesen Stoßseufzer hört man oft von Eltern auch dann noch, wenn ihre Kinder schon im Vor- und Grundschulalter sind. Helena Harms erklärt in diesem Ratgeber, warum auch größere Kinder oft mit Schlafproblemen zu kämpfen haben. Die Autorin zeigt, wie Eltern ihre Kinder liebevoll und behutsam auf ihrem Weg zum guten Schlaf begleiten. Sie erklärt, wie man mit Albträumen umgeht, Streitigkeiten um das Ins-Bett-Gehen entschärft und kleine Energiebündel schnell und sicher zur Entspannung bringen kann. Neben wichtigen Informationen über Schlafverhalten und Biorhythmus bei Kindern leiten zahlreiche Gute-Nacht-Geschichten zu einem Entspannungsritual an. Sie geben den Eltern Anregungen und Vorlese-Möglichkeiten und nehmen den Kindern die Angst vor dem Schlaf.

www.reinhardt-verlag.de

Zweisprachigkeit – Chance oder Gefahr für die kindliche Entwicklung?

Vassilia Triarchi-Herrmann
Mehrsprachige Erziehung
Wie Sie Ihr Kind fördern
(»Kinder sind Kinder«; 25)
3., überarb. Aufl. 2012. 155 Seiten.
Zahlr. Abb. Innenteil zweifarbig.
(978-3-497-02272-4) kt

- **fünf Prinzipien für den mehrsprachigen Familienalltag**
- **wertvolle Hinweise und Tipps**

Wenn Mama und Papa verschiedene Sprachen sprechen, haben Kinder die wertvolle Chance, mehrere Sprachen gleichzeitig zu lernen. Eltern stellen sich viele Fragen: Wie bin ich selbst ein gutes Sprachvorbild für das Kind? Was mache ich, wenn mein Kind die Sprachen verwechselt? Wann sollte ich einen Sprachtherapeuten aufsuchen?

Mit vielen Fallbeispielen und wertvollen Tipps vermittelt die Autorin den Eltern Handlungssicherheit für den mehrsprachigen Alltag.

www.reinhardt-verlag.de

Bibliografische Information der Deutschen Bibliothek
Die Deutsche Bibliothek verzeichnet diese Publikation in der Deutschen Nationalbibliografie; detaillierte bibliografische Daten sind im Internet über <http://dnb.d-nb.de> abrufbar.
ISBN 978-3-497-02259-5 (Print)
ISBN 978-3-497-60038-0 (E-Book)
ISSN 0720-8707
5. Auflage

Printed in Germany
Titelfoto: © toolklickit-Fotolia.com
Satz: Arnold & Domnick, Leipzig

Bildquelleninnenteil:
S. 3: © toolklickit-Fotolia.com; S. 8: © Klaus-Peter Adler – Fotolia.com; S. 11: © happyone – Fotolia.com; S. 16: © contrastwerkstatt – Fotolia.com; S. 29: © Mönks / Ypenburg; S. 38: © somenski – Fotolia.com; S. 41: © Gina Sanders – Fotolia.com; S. 42: © 2tun – Fotolia.com; S. 45: © lagom – Fotolia.com; S. 50: © kids.4pictures – Fotolia.com; S. 57: © toolklickit – Fotolia.com; S. 59: © Alashi – istockphoto.com; S. 67: © Daniel Laflor – istockphoto.com; S. 68: © toolklickit – Fotolia.com; S. 74: © matka_wariatka – istockphoto.com; S. 77: © Monkey Business – Fotolia.com; S. 86: © Ramona Heim – Fotolia.com; S. 91: © Monia – Fotolia.com; S. 98: © pressmaster – Fotolia.com; S. 103: © Christian Schwier – Fotolia.com; S. 112: © Dr. Heinz Linke – istockphoto.com; S. 120: © Olivier Lantzendörffer – istockphoto.com; S. 122: © Hans-Peter Moehlig – Fotolia.com; S. 128: © Gorilla – Fotolia.com; S. 134: © Christian Schwier – Fotolia.com; S. 141: © contrastwerkstatt – Fotolia.com

Ernst Reinhardt Verlag, Kemnatenstr. 46, D-80639 München
Net: www.reinhardt-verlag.de Mail: info@reinhardt-verlag.de